In Memoriam

Patricia Jacobs Barquet (1945-2014)

Vicente Rojo (1932-2021)

本書の構成

本書は日本学術振興会科学研究費「レバノン・シリア移民の作り出す地域——宗派体制・クライエンテリズム・市民社会」および「レバノン・シリア移民の拡張的ネットワーク——自己多面化と空間構想力」（いずれも研究代表者・東京外国語大学アジア・アフリカ言語文化研究所教授・黒木英充、第一期二〇〇九～一二、第二期二〇一三～一六）の研究成果を私的にまとめたものである。

本来ならば研究メンバー全員が寄稿し、レバノン‐シリアないしシリア‐レバノン「移民」の全体像を読者に呈示できる共著書を目指すべきところ、極めて私的な理由によりこのような形を採るに至った。構成に無理のあることは否めず、一個人の研究成果として振り返っても形式の不統一を始め過不足が目立ち、二〇〇九年来ラテンアメリカ各地において収集し得た史資料や関係者・研究協力者から受けた厚誼の十分の一すら生かせていない。本書が甚だ不充分な次元に留まることは筆者の強く自覚するところである。おそらく読者にも不便を強いるであろう点をまずお詫びしておく。

第一部は筆者自身の論考「ミゲルとハリル」「移民聖人チャルベルの冒険」「『レバノン人』聖職者から見た『シリア内戦』」から成る。科研費による調査地はラテンアメリカ八カ国とレバノン、カナダ、セネガルに跨るが、右三篇は筆者自身が最も場数を踏んでいるメヒコ（メキシコ）と、二〇一〇年以降繰り返し足を運んできたアルゼンチンでの調査に主として基づく。世界に散開するレバノン‐シリア移民とその後継世代の相当部分はアメリカ大陸（ここでは島嶼部をも含む広義に解されたい）、なかでもラテンアメリカに起居しており、実のところメヒコ、アルゼンチン両国の、しかも限られた事例に触れるだけで本書標題の任を果たせるとはおよそ考えていない。コロンビアやベネスエラ、中米のケースについては第四部スペイン語稿「聖三角形を越えて——独立二百周年とラテンアメリカにおける新しいアイデンティティの浮上」と付録写真（特にクレジットのない場合は筆者撮影）に幾らか紹介しておいた。

さておそらく読者は何より書名の「トルコ人」に面喰らうことと思われる。各稿にその都度説明を挟んだが、この用語は長らく俗称（他称）としてラテンアメリカ各地の「彼ら」に投げかけられてきた。今からほぼ百五十年前、現在のレバノンやシリアの地から人々が地中海のさらなる先、大西洋を渡り始めたころ——それはちょうど旅券や身分証といった書類が地球を覆い始める時期に重なる——オスマン朝当局の発行する書きつけを身に着け船上の人となった事情に由来する。現代トルコ国家と無関係ではないが、母語がアラビア語であっても文化的背景としては良かれ悪しかれ総じてフランス語に親しむ確率の高かった人々も多く含まれる。

そのあたりは第二部の要、グアテマラ出身の「レバノン系」作家エドゥアルド・ハルフォンも語ってくれている。第二部の三篇のうち「最後のトルコ・コーヒー」および筆者によるインタビューは岩波書店『世界』二〇一四年六月号、八月号にそれぞれ発表済みのものをほぼそのまま再録した。二〇一四年三月、前掲第二期科研による作家招聘が実現したお蔭だが、本人を囲んでの研究集会用資料として準備した翻訳短編二篇のうち未公表だった「祭司」もこの機会に本書に収めることとした。転載を快諾された『世界』編集部と作家御本人にこの場を借りて感謝したい。

なお二〇一八年に「グアテマラ国民文学賞」の栄誉に浴した作家は我々が「レバノン系作家として」招いたことに刺戟されたらしく、「僕はアラブ人の変装に身を包み東京に降り立った」を書き出しの一文に据える小説『カンシオン』（*Canción*, 2021）をこのほど上梓した。邦訳には既に『ポーランドのボクサー』（白水社　二〇一五）がある。

第三部にはその復元・完成に我々が多少なりとも関与することのできたドキュメンタリー映画二本、「レバノン１９４９」「ベイルート‐ブエノス・アイレス‐ベイルート」の関係資料を掲げた。いずれも東京外国語大学ＡＡ研を会場に、科研期間中の研究上映会開催には何とか漕ぎつけた。調査地での偶然が重なってお手伝いできたこと自体この上ない幸運にして地域研究者冥利に尽きるものの、内輪の上映各一回に終わらせるのはいかにも惜しまれる。もったいないと臍をかんでいた矢先、これもまた極上の縁に恵まれ前者は二〇一五年十月の山形国際ドキュメンタリー映画祭、しばらくおいて後者は二〇二〇年三月コロナ危機突入寸前のイスラーム映画祭（於・東京、同年五月に名古屋・神戸へ巡回）に拾われ、より広く一般の目に触れる機会に与った。学術研究周辺の拾遺ではあるが社会的には本科研最大の成果と言えるかもしれない。本書には両映画祭の公式図録より関係箇所を再録してある。山形国際ドキュメンタリー映画祭事務局およびイスラーム映画祭主宰・藤本高之氏の御尽力と御厚意には言葉もない。両作品の著作権者の分も改めて篤く御礼申し上げたい。

二〇一三年四月、韓国・釜山の釜山外国語大学イベロアメリカ研究所が主催する国際学術講演会「ラテンアメリカ社会のアイデンティティと全面的全球化」に招かれ、韓国・中国・台湾のラテンアメリカ研究者たちと交流することができた。同講演会での筆者基調講演をスペイン語のまま第四部に収録した。事前原稿提出の折、技術上の不備から校正もれが残る時点で講演録に掲載されてしまい、訂正の機会を待ち望んでいた。本書には、講演時間の制約から割愛せざるを得なかった逸話も盛り込んでおり、改訂増補版になる。内容の密度はさして高くもないが、ラテンアメリカ各地の恩人たちに理解可能な頁を少しでも設けたい一心ゆえのわがままであることを御了承願いたい。講演当日使用した写真には日本語キャプションを付したので、第一部〜第三部の関連箇所と適宜照応させて読んでいただければ幸いである。

前置きの最後に、最後とはいえ決して揺るがせにはできない問題を書き留めておく。本書に「移民研究」に連なる意図はない。日本語の「移民」はほとんど日本（語）社会という特殊事情の下でのみ成立する。その発想を無邪気に世界へと敷衍することは厳に慎しみたい。少なくとも、一個人を決める要素として血統より生地をはるかに重視するラテンアメリカにおいて、「移民」とは一代限りの呼称に過ぎない。一方「移民」が「問題」problem/issueとされ出したのは近代の武器としての地図、そして地図上に国境線を引きまくる「国民国家」が成立したせいであり、決して「移民」側の責ではない。

字義通りには「その土地に自然な存在となること」を意味する英語のnaturalizationさえ「帰化」というすこぶる付きの権威主義的漢語に置換されてよしとされ続ける――「帰化人」は近年「渡来人」と改名されたようだが――国家である以上、日本語の「移民」なる通念／想念／妄念を現行日本国家以外の現実に横滑りさせてもそもそも外の世界とは話が全くすれ違っている可能性が大きい。あるいは植民地主義の過去と現在とに蓋をし、「移民」なる現象がつい最近始まったかのフリを装う（その一例はおそらく、国際社会学研究会主催、一橋大学を会場として二〇一九年十一月に開かれた「後発的移民受入国の国際比較――21世紀の移民受入れ政策をめぐるスペインの経験と日本のこれから」に如実に顕われていることであろう）。ともすれば日本語に洗脳され、日本語の通念／想念／妄念に思考を完膚なきまで歪められがちな日本語社会の住人のひとりとして自戒を込め、「移民研究」からはきっぱりと離れて立ちたい。

編者

目次

*

*Carlos Martínez Assad *Memoria de Líbano*, México, D.F., Océano, 2003 を基に作成

ミゲルとハリル

メキシコ映画史の泰斗として知られるエミリオ・ガルシア＝リエラによれば「メキシコ映画の黄金期とは一九四一年から四五年」つまり第二次世界大戦の真っ只中を意味する。欧州が戦乱に明け暮れるお陰でアメリカ大陸は逆に戦争景気に沸き、米国は戦略上ラテンアメリカに宥和的な顔を向けていた。当時のスペイン語圏にあって映画産業を擁していたと言えるのはスペイン、メキシコ、アルゼンチンだが、スペインはフランコ体制下、アルゼンチンはファシズム陣営との協調が疑われる怪し気な軍人ペロンの暗躍下にあり、連合国に与するのは否応なく米国の隣人たる立場を運命づけられたメキシコのみであった[*1]。

　歴史的・地理的・人的その他あらゆる面からハリウッドに近接し黎明期から持ちつ持たれつの間柄にあったメキシコ映画界は従って比較優位を手にし、一九四一年に三十八本、四二年に四十七本、米国のテコ入れを受けた四三年以降は年七十〜八十本の国産映画を制作している。四一年には米国映画の一割以下、欧州やアルゼンチンの作品より少ない二十七本（全体の約六パーセント）だったメキシコ映画の国内劇場公開本数も、四二年にはほぼ倍増、四五年には六十七本（十八パーセント）に達した。[*2]

この黄金期を支えた映画人のなかに二人の「レバノン人」がいる。ひとりは映画監督ミゲル・サカリアス＝ノガイム（**Miguel Zacarías Nogaim** 一九〇五〜二〇〇六）、いまひとりは俳優・監督のホアキン・パルダベ（**Joaquín Pardavé** 一九〇〇〜五五）が演じた役柄ハリル・ファラド（**Jalil Farad**）である。

メキシコ映画史上最大のスターといえば「姐御《ラ・ドニャ》」の異名を取る女優マリア・フェリクスそして男優ペドロ・アルメンダリスの組合せなのだが、この二人を大看板に育て上げた功労者としてもサカリアス＝ノガイムの名は黄金期と切り離せない。[*3] あいにく両スターが彼のメガホンの下に共演し観客の感涙を絞る場面は成立しなかったのだが。一方パルダベは舞台、とりわけ世紀の変わり目前後から大衆娯楽の地位を得るレビュー演劇の世界で名を上げ、次いで喜劇映画を量産するファン・ブスティジョ＝オロ監督の作品に出演を重ね、そして監督デビューを飾ったのが気のいいレバノン人ハリルを自ら主演し大当たりを取った「エル・バイサノ・ハリル」（***El baisano Jalil*** 一九四二）だった。同作はカンティンフラス作品などとともに今日でも絶大な人気を誇るメキシコ映画史上の古典とみなされているばかりか、主人公ハリルはメキシコ社会における不動の「レバノン人像」をうち立てた。面白いことに、メキシコ映画界では早くからレバノン系映画人が数多く活躍してきた。そのことも相まってか、スペイン系の芸人一家に生まれたパルダべをレバノン系と勘違いするメキシコ人もいるほどハリル像はレバノン移民の表象形成に貢献した。

§1. 監督ミゲル・サカリアスの誕生

まずミゲル・サカリアス＝ノガイムの生い立ちと監督歴とに暫くキャメラの焦点を合わせよう。[*4]

ミゲルは一九〇五年三月十九日、父エリアス・メルヘイム・サカリアス（Elías Melheim Zacarías）と母マリア・ノガイム（María Nogaim）の長男としてメキシコ市に生まれる。両親はいずれも現レバノンのハマト Hamat およびバトルーン Batrun の出身という。父エリアスはベイルートで法律を学んでいた頃オスマン朝体制を批判する言動がもとで一時マルセイユへ脱出、ベイルート当局者の異動を受けいったん帰郷するも反体制的な論調を変えなかったため再びマルセイユへ舞い戻らざるを得ず、同地で出会ったマリアと結婚した。二人してメキシコへ移住後間もなくミゲルが生まれる。

この頃メキシコは、再選を繰り返し実質的な長期独裁を敷くポルフィリオ・ディアス大統領のもと「安定」を享受し、近代化を進めるべく外国資本が盛んに呼び込まれた。オーギュスト・コントの実証主義を奉ずる実務家（シエンティフィコス）が政府の要職を占め、大統領も米国偏重を避けフランスに肩入れするなど仏墨関係はとりわけ緊密だった。良かれ悪しかれフランスと縁の深い東地中海地域《レパント》出身の青年層にとり、メキシコの地が魅力的に映ったとしても不思議はない。[*5] そもそもエリアスがメキシコ史に精通していたという裏にはナポレオンⅢ世による一連のメキシコ干渉が作用していたかもしれない。

　メキシコ革命勃発後、一家はさして困窮することなく一九一六年にはエリアスがメキシコ国籍を取得し、[*6] 在墨レバノン人社会《コロニア》を相手とする弁護士業に加え不動産業も手がけるようになる。一家の歩みが後述する「典型的レバノン移民」のそれとはやや経路を異にしている点、注意しておきたい。

　裕福な環境に恵まれたミゲルはマリスタ（カトリックの一修道会）の運営する当時のエリート校フランコ‐イングレス中等学校に進む。一九二一年には同じ修道会が米国ミズーリ州に開いていたチャミネイド校へ三カ月ほど留学、英語にさらに精通したとみられ、本人は後年「スペイン語より英語の方が得意と言ってよく、米国で英語を用いて監督業を遂行するに何ら支障はない。英語で詩作するほどだ」と述べている。[*7]

　ミズーリから帰墨、大学で法律を学ぼうと志すミゲルの進路に父から横槍が入った。父は息子をベイルートの母校アル‐ヒクマ学院へ留学させる。父エリアスはギリシャ正教徒だが、マロン派（次節「移民聖人チャルベルの冒険」参照）の同学院でジブラン・ハリル・ジブランと机を並べたという。ここでフランス古典文学に親しんだミゲルはなお法律を志し、そのままベイルートのイエズス会系サン・ジョゼフ大学法学部に進学することを希望した。ところが、「世界を見てほしい、つまらない人間になってほしくない」と父は再び異を唱え、息子を今度はブラジルの従兄弟たちの許へ送り込んだ。一九二〇年代半ばのことである。「ブラジルの親戚たちは既にコーヒー園や畜産業で成功した大金持ちだったが、結婚させられそうになりアルゼンチン、ウルグアイへと出奔した」と本人は回想している。

一方ミゲルは無声映画を愛好し、自分でも脚本習作を書きためる映画青年となっていた。縁談から逃げおおせメキシコへいったん戻ったのち、彼は劇作家グレゴリオ・マルティネス＝シエラの助言を容れ、大恐慌から間もないニューヨークへ渡りコロンビア大学の映画課程に通い始めた。映画の現場作業にも手を染めるなか、ユニバーサル映画社社長カール・レムリの息子と知り合う。こうして一年ほどの映画修業から帰墨し、ミゲルはインペリアル・シネマトグラフィカ社の株主であったレバノン系の知人たちと話し合い運よくプロダクション設立に漕ぎつけた。彼自身の脚本による企画が一九三二年八月から動き出し、夭逝した実在のメキシコ人作曲家を主人公とする音楽映画「波の上に」（*Sobre las olas*）となって翌三三年五月、首都のパラシオ映画館で封切られた（上映期間は一週間）。国産トーキー映画としては三本目に当たる。[*8]首都に三十館を数える映画館で前年のうちに封切られたハリウッド映画は二百六十本、対する国産映画は五本にすぎないこと、[*9]ほぼ同じ時期に撮影されたエイゼンシュテインの「メキシコ

サカリアス組のクランクアップ（？）記念写真。中央に監督ミゲル。メキシコの誇るチュルブスコ撮影所の外周を利用した「黄金時代のメキシコ映画人たち」屋外写真展より（2017年9月）。

万歳！」がこの時点では陽の目を見ずに終わったことなどを考え合わせるならば、ミゲルの監督人生は順調な滑り出しを見せたと言ってよい。

もちろんここにも父の力が働いていたことは間違いない。「損はさせないから」と父エリアスが陰で出資者たちに請け合っていたらしいことを本人も自覚している。[*10] 十年後、大スター歌手ホルヘ・ネグレテに新人マリア・フェリクスを配し「アニマスの岩山」（*El peñón de las Ánimas*）に臨むミゲル・サカリアスは、既に押しも押されもせぬ人気監督の地位を築いていた。

§2. 善人ハリルの誕生

次に「メキシコのレバノン人」を語る際必ず引き合いに出される映画「エル・バイサノ・ハリル」（一九四二年十二月公開）にキャメラを向けよう。題名を片仮名書きするには意味がある。ハリルはアラブ男性の名として珍しくない固有名詞だが、バイサノとはスペイン語で郷土、くに、国を意味する語パイス（país）から派生し「パイスの人」を意味するパイサノ（paisano）の変形である。アラビア語母語話者がスペイン語のこの語を発音しようとしてもパが濁音になりやすい。日本語社会においてはかつて華人のカタコト日本語を「～アルネ」なる言い回しで際立たせる傾向がみられたが、同様にこの作品は題名からしてメキシコ社会に定着しようとしてしきれない外来者の存在を明示し、その存在を戯画化する作用をも伴う。

単語パイサノ自体は英語の countryman に近い。「くにを同じくする者」つまり同郷人、同胞といった親近感の表明ともなれば、田舎者をも含意する。ただし田舎者でもその愛すべき朴訥さが歓迎されるか野卑として遠ざけられるかは時と場合による。筆者自身、二年ほど居住した中米某国のごく庶民的な食堂の従業員からしばしば「パイサナ」（パイサノの女性形）と呼びかけられたが、それはもっぱら常連客への愛想混じりの呼称であり、侮蔑の色はさらさら感じられなかった。[*11]

物語は「ハリル・ファラドと息子の店」のシャッターが上がるところから始まる。[*12] 映し出されるのは一九四二年当時ならメキシコ市中心部に多数軒を並べていたであろう布地問屋の店内。タイムカードを備えた先進的な会社であることが知れる。女性従業員ソフィアがハリルに拾われた昔を想い起こすと場面は転じ、二十年ほど前のことか、荷担ぎ人をひとり従えたハリルが掛売り行商人《アボネロ》（abonero）として登場する。十九世紀末から二十世紀初頭にかけアメリカ大陸へ到来したシリア‐レバノン系（ユダヤ系を含む）移民は手始めに靴下や下着類をツケで売り歩き、これがうまく行くと布地屋を構えるという社会的上昇の階梯が知られており、映画は冒頭の十分弱をこの図式の呈示に充てている。

既に荷担ぎ人を従えているところから、行商人としても順調な商売ぶりが窺える。しかもツケを回収に来たはずのハリルは客のソフィアが家賃を三カ月滞納し家主から追い出される寸前なのを見て、家賃を肩代わりしてやるばかりか、働き口を世話するから「明日コレオ・マヨル二十八番地（ハリルの自宅）まで来るよう」に言う。コレオ・マヨル通りはメキシコ市中央広場ソカロより至近、現在でも布地・服地・衣料雑貨の店が集中する地区を走り、一九二九年にはウルグアイ通りとの角にマロン派キリスト教の聖母バルバネラ教会が建立されている。台詞にちらりと言及されるだけであってもこの地名の効果は大きい。

場面は「現在」に戻り、社長のハリルは朝から忙しく息子セリムや従業員に指示を飛ばす。「シリア‐レバノン赤十字会に百ペソ、いやこの間の歯医者は下手だったから九十ペソだな」と同胞への寄付を値切るハリルは、ただ気前よさのみが身上の人間ではない面を、対するに成人した息子セリムは自然なスペイン語を話し、父世代との明らかな違いを見せる。ハリルことパルダベ、そしていずれ登場する妻スアド Suad 役のサラ・ガルシアはパイサノがバイサノになる式の変調スペイン語で全編を通すため、台詞回しが観客の笑いを誘う。時折スペイン語では話が通じないという演出も施されている。

後述する通り、レバノン色満載の冒頭十分弱は全くの枕にすぎず、映画の本題はようやくここからである。物語の骨格は新興成金と落ちぶれ名家との駆け引き、ないし対比にあり、これに前者の息子と後者の娘とのロマンスが花を添える。新興成金がレバノン商人によって体現される一方、労働を卑しむ名家ベラダダ家はメキシコ革命により放逐されたＰ・ディアスの肖像をなお屋敷に飾っており、その時代錯誤ぶりが強調されている。

さてベラダダ家当主のギジェルモに何度も金を用立ててやっているハリルは内心、先方の娘マルタをセリムの嫁にどうかと考えている。ところがセリムはお高く止まった先方家族に自尊心を傷つけられ、マルタはマルタで自分の気持ちが借金のカタにされているかの成行きが面白くない。結局は迂余曲折ののち若い二人は結ばれハッピーエンドと相成るのだが、この作品の見せ場は開幕から約三十分、全編の三分の一ほどのところに訪れる。

ベラダダ家構成員のうちただ一人ハリルに好意的な当主ギジェルモは、郊外に所有する荘園へハリル一家を「友人として」招待する。招かれたハリルはソンブレロのチャロ姿つまり典型的なメキシコ男の扮装で現われ、慣れない乗馬を体験させられ歩くにも難儀する妻スアドをなだめる。二人にはいかにもお上りさんの風情が漂う。その後ベラダダ家一同や他の招待客も交えて夜会が始まると、今度は二人だけが場違いな正装に身を固めている。ハリルは「他の面々

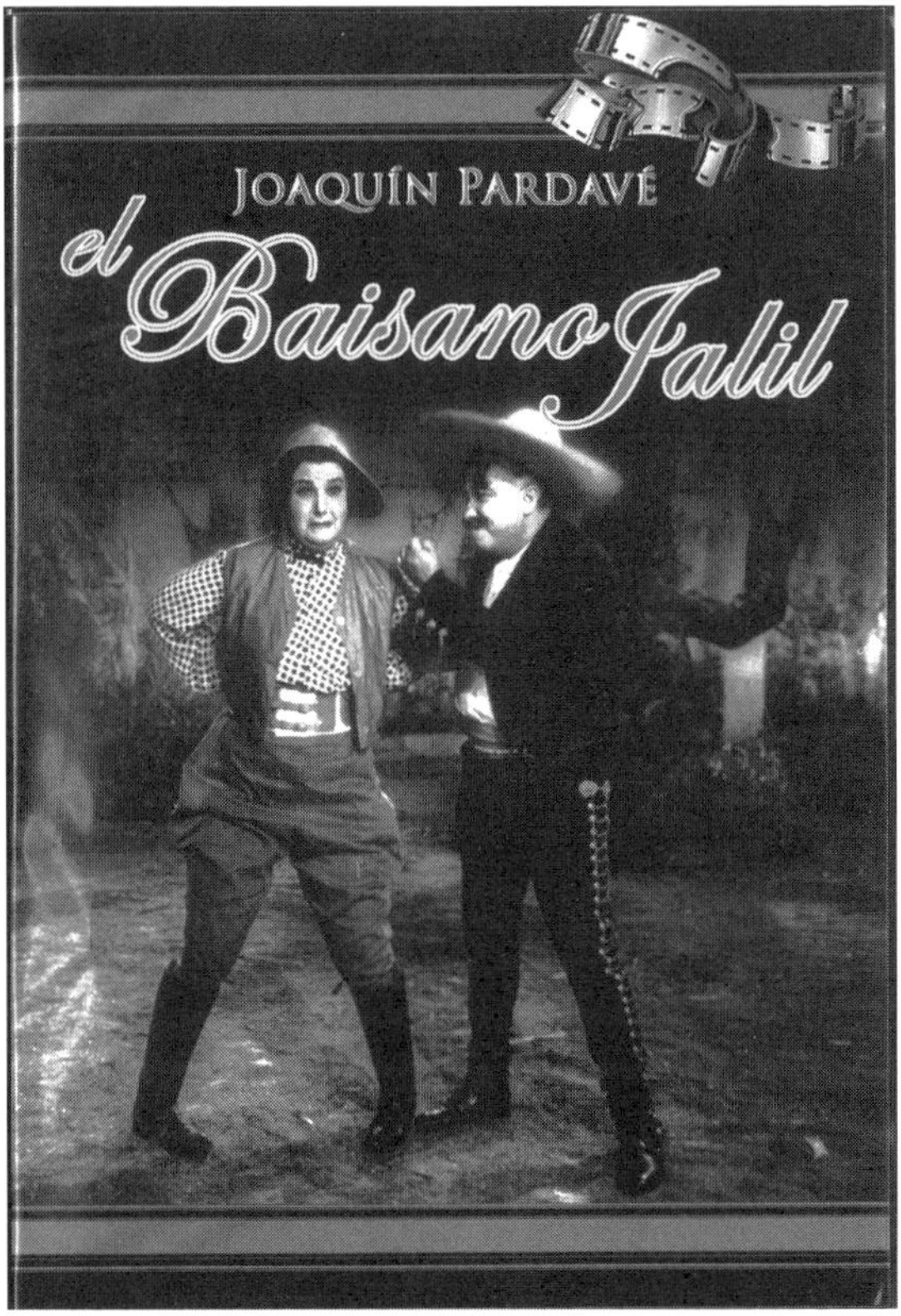

メキシコの書店や家電製品店などで容易に手に入る「エル・バイサノ・ハリル」DVD のパッケージ（ZIMA Entertainment《Grandes de nuestro cine》DVD-7310）。右がチャロ姿のハリル（ホアキン・パルダベ）、左は妻スアド役のサラ・ガルシア。

は金がないから」正装できないのだと解釈する。とはいえせっかく友人として招かれたのだからと妻にピアノ伴奏をさせ「アラブ歌謡」にアラビア語らしき歌詞を乗せ歌ってみせる。ベリーダンスを意識してか手足から腰からをくねらせしなをつくって歌うハリルの姿に、同席の客はもちろん観客も大いに沸くこととなろう。見せ場の見せ場たる所以である。

ところが、誰あろう息子のセリムがこの座興に水を差す。セリムに言わせれば、場を盛り上げようと心を砕く哀れな両親に悪気はない、しかし周囲は明らかに二人を道化扱いしている。そこで両親への嘲笑、また故郷レバノンを貶められることに耐えられぬセリムは自ら洗練された歌声を披露する。彼がリムスキー・コルサコフ作「シェラザード」より一曲をスペイン語で歌ってみせるとマルタは明らかに心を動かされる筋書きともなっている。ホスト社会に対する一世と二世の向き合い方の差がここでも強調される。

後日ハリルは息子に断わりなくベラダダ家を訪ね、マルタに息子との結婚を申し込む。「格が釣り合わない」「金に飽かせて失敬な」とあっさり拒絶され、モリスコ様式を模した自宅に帰り着いたハリルは嘆き悲しむ。メキシコの地は分け隔てなく自分たちにも良くしてくれたのになぜ拒絶されるのか、歯に衣着せず思ったことを口にするのははしたないのか、と。この場面ではハリルがメキシコにどれほど恩義を感じているか、その思いのたけが十二分に吐露され、観客もその嘆きに感情移入できる仕掛けを備えている。

繰り返すがハリルは何も単純なお人よしと描かれているわけではない。セリムとマルタが牽制し合うしかない様子に接し、相当のことは金で解決できると豪語していた彼の自信は中盤以降揺らぎ出す。反省めいた言葉も口からこぼれる。だがどんでん返しが隠されている。金目当てと思われるのを嫌がる風のあったマルタが自分の前から姿を消そうとする――欧州へ旅立つ

──セリムを引き留める挙に出る契機は、ベラダダ家所有の鉱山ににわかに買い手がつき引け目が消えたからなのだが、実は最後の最後、ハリルは妻に耳打ちする、鉱山を買い上げた会社の元締めは自分なのだと。

とすれば、もつれた恋の行方が一件落着したのはやはりハリルの資力、つまり金が決定打となったことを観客は知らされる。愛嬌たっぷりの布地問屋社長は鉱山経営に乗り出すやり手資本家へと脱皮する。ハリル像を論ずる研究者たちは従来この結末に注目しておらず見過ごされてきているが、この点はいずれ「世界一の富豪」（xxv頁 写真1）となる実業家カルロス・スリム*13の祖型を示唆しているようで後知恵ながら興味深い。

ともあれ「純朴な《ボナチョン》」（bonachón）の形容とともに記憶されるハリルはメキシコ社会に好意的に受け容れられてきた。ひとつには喜劇役者として成功していたパルダベの人物造型に負うところが大きい。ただそれだけではなく一九四〇年代初頭という時代背景も考慮に値する。メキシコ革命後の反封建・反カトリックの気運は不労所得に依存し抹香臭い会話を繰り広げるベラダダ家──旧体制の残滓──を笑いものにする作劇と波長が合ったであろう。石油資源・産業を国有化して間もないメキシコはポルフィリアート期（P・ディアス大統領の治世）とは異なる近代化に乗り出そうとしていた。新参者とはいえ気負いも衒いもなく率直にメキシコ愛を打ち明けるハリルの手腕は「外資」による鉱山経営より観客の心情になじむ。偶然の一致とはいえハリルの登場がメキシコ映画の黄金期と重なったことも幸運なめぐり合わせであった。

メキシコシティ地下鉄コヨアカン駅（国立映画館 Cineteca 最寄り駅）の構内ギャラリー。往年のメキシコ名画ポスター展に「あきんどネギブ」の一枚（右端）も登場。

§3. 誌上論争

ではハリル像が誰からも喝采されたかといえば事はそう単純ではない。たとえば、現在メキシコにおけるレバノン‐シリア‐アラブ移民研究の第一人者であり自身もレバノン系二世の母をもつカルロス・マルティネス＝アサドは、パルダベによるハリルの造型を名人芸と認めつつもステレオタイプと懸念し、今日に至るまでメキシコ映画界にレバノン人やその二世三世の実相を伝える作品が欠けていることを憂う。また本作および続編に当たる「エル・バルチャンテ・ネギブ」（*El barchante Neguib* あきんどネギブ　一九四五）のいずれもプロデューサーがユダヤ系実業家グレゴリオ・ワレルステインであったことから、業界内では当初レバノン系に対するユダヤ系からの揶揄なのではとすら噂された、との説を紹介している。[*14] 一方ワレルステイン伝をまとめたエウヘニア・メイエルによると、原作喜劇の翻案に際し主人公をユダヤ系移民にしようと考えたワレルステイン自身が、レバノン人に扮したパルダベの、とりわけ「みごとな口真似」に構想を改め、レバノン人主人公案に賛成したという。[*15] よく引用される逸話なのだが以下に述べる舞台版ハリルの先行と整合しない。

原作喜劇とはアルゼンチンで評判をとった舞台劇「エル・グリンゴ・バラティエリ」[*16]（*El gringo Barattieri* 脚本公刊一九二一年六月）のことを指す。一九三八年この舞台劇がまさしく「エル・バイサノ・ハリル」と翻案の上メキシコシティで上演され大当たりを取った。通算上演回数一七九回を記録したことが語り草となり、[*17] ロングラン会場のファブレガス劇場は「シリア・レバノン流の高潔さ」（Nobleza sirio-libanesa）の副題を謳い文句に広告を打っている。[*18] 舞台版ハリルを演じたのはパルダベではないが、[*19]「メキシコの母」と目されいずれ映画でも同じ役柄を務める女優サラ・ガルシアが妻スアド役を、公演主体たるブランチ姉妹劇団の看板イサベリタも映画版同様コンソラシオン役（ベラダダ家の信心深い小姑）を演じている。

公演開幕からほどない一九三八年八月二十二日、ミゲル・サカリアスは脚本翻案を担ったアドルフォ・フェルナンデス＝ブスタマンテに書簡を送る。当時在墨レバノン系コロニア内で読まれていた定期刊行物の一、スペイン語月刊誌『エミール』[*21]（一九三七年六月創刊）に公表されたこの書簡に基づき、当事者ミゲルの見解を辿ってみよう。

……われわれ《メキシコ》のひよわな演劇環境のもと［貴君の作品を］ことのほか佳作としている価値が二つある。第一に［貴作は］土台をしっかりと持ち、目標を追いかける、つまり「何ごとか」を主張する。笑いを引き出し、観客がひとときの楽しみに享じられるよう努めるのみならず、加えて国の経済生活に至極重要な一群の人々を識り理解する一助となっている。[*22]

（［　］内は引用者による補足）

結局はここでいう目標即ちレバノン人ハリルを主人公とした効果についてミゲルは残る紙幅をほぼすべて費やす。[*23] 曰く、メキシコにおいては移民受入れに際し「人種《ママ》、宗教、道徳や習慣など」移住先への「同化を容易にするかどうかの資質総体」が顧られない。またそうした資質・条件を研究し普及させることに関心が払われないため当然のことながら、社会に吸収されることが受入れ側に好都合な集団であっても周囲のメキシコ人から理解されず切り離されたまま住み続けることになる。メキシコ移住組のうちレバノン人およびスペイン人がそうした無理解の犠牲と化している。後者はいまだ搾取者、本国人《ガチュピン》、現代の王権代理人《エンコメンデロ》とみられ、片や前者はpをbとしか発音できない無学な変奇人の型に入れられる。白人にしてキリスト教徒、メキシコに家庭を築きメキシコという祖国に次世代を差し出すことは両者とも変わらない。にも関わらず、アラブ人とみればマホメット《ママ》教徒か仏教徒と決めつける無知は教養を備えたはずのメキシコ人にも珍しくない。マホメット教徒かと言われることが不愉快なのではなく、無知が居心地を悪くさせるのである。それは米国内にあってスペイン語を話す者の肌が褐色ならば「メキシコ人」、肌の色が薄ければ「スペイン人」と呼ばれるのを耳にするとき感ずる苦々しさに似ている。

メキシコ人一般の無理解を嘆いたのちミゲルは強調する――だからこそ貴君の作は称賛に値する、なぜなら在墨レバノン系コロニアが知られざる存在に留め置かれたままの現状に挑戦し、観客が快く向き合える形で偏見、無知、中傷を退けようとしているからである。ミゲルは興味深い述懐を挟み、さらに踏み込んだ提起へと進む。かつて自分も同様の試みを企図したことがあったが、自身がレバノン出自を持つため却って信用されないのではないかと恐れ、引っ込めてしまった。だがレバノン人移民を取り巻く嘘を正し真実を述べる者が必要とされていた。そこへ、レバノン系コロニアが欲していた解説者《インテルプレテ》として貴君が登場してくれた。貴君からは映画化の構想もあると聞いた。ついてはレバノン人をよりよく知ってもらえるよう助言したい。

かくてミゲルはレバノン概要を講じる[*24]。その民が国外へ移住する理由には人口密度の高さ、狭隘な上にトルコの締めつけにより狭隘さを高める国土、黄金郷アメリカ（西半球のこと）で富や権力を手に入れることへの憧れ、逆境からの脱却、既に移住し成功した者たちの後に続きたいとの発意、あるいは近しい家族と離れ離れなのに耐えかねて、などを挙げつつ、しかし何よりも地平線の彼方に惹かれる冒険心が彼らを後押しするのだと述べる。

次いでミゲルは再びメキシコに話を戻し、一事業体で雇用される使用人・労働者の九割をメキシコ人とすべき法が発布された折、レバノン人経営者は全く影響を受けなかった、というのもレバノン人はメキシコ人に職を提供する側であり職を奪う立場にはないからだと説明する。またレバノン人経営者の下では労使紛争が少なく、経済的に成功しても富をむやみに貯め込んだりメキシコ国外へ持ち出すことなどない、とも説く。魂は故郷を思いつつも彼の精力が注がれるのは此方であり、妻や子供たちも此方におり、そして本人が骨を埋めるのもおそらく此方メキシコであることが示唆される。これこそハリルの物語、しかしpをbとしか発音できないがゆえに依然として珍奇な無学者と扱われてしまう――こう嘆きつつミゲルは書簡を結ぶ。

この書簡からは、おそらく初日の舞台を観劇後すぐさまミゲルが反応したであろうこと、この時点で既に映画化を見越す動きがあったこと、ミゲル自身は決して舞台版ハリルを否定していないことが読み取れる。それどころか本書簡から五カ月後、一九三九年一月二十七日付『シネマ・リポーター』誌（メキシコシティで発行されていた週刊映画業界誌）は監督にミゲル、主演にカルロス・オレジャナ（Carlos Orellana）を迎え、映画製作会社プロドゥクシオネス・グロバス（Producciones Grovas）[*25]が「エル・バイサノ・ハリル」を映画化する意向であると伝えている。[*26]この企画がなぜ実現に至らずパルダベ主演・監督作へと転じたのか現時点では不明だが、本書簡からもミゲルがハリル像に肩入れしていた様子は窺える。

ミゲルの意見を在墨レバノン系コロニアの総意と断ずるのは早計であろう。今日と異なり演劇作品が映像に記録される時代ではなく、好評を博したとの新聞記事や広告以外に上演時の詳細を知る手がかりは乏しい。本来は舞台版と映画版、二種のハリル像の異同を検証する必要もある。とはいえ、後年の論者たちが映画版ハリルの「茶化されたレバノン人像」に懸念を表明するのとは違い[27]、同時代の当事者からは別種の反応が見てとれる。

再び『エミール』誌から、今度は映画公開後の一九四三年に寄せられた投書を拾ってみよう[28]。投書の主はレバノン北部サフル・アカル Sahl Akkar 出身のアジズ（アシス）・ムウシ＝アブラアム。ベネスエラ在住の彼も大評判の映画「エル・バイサノ・ハリル」に足を運ばざるを得なかった[29]。ムウシの論点をまとめると次のように言える。

①行商人ハリルは金策に窮した子連れ寡婦を救う。ここにレバノン人の気前のよさ、高潔さが示されている。

②成功したハリルは正直かつ勤勉な暮らしの上に富を築いており、レバノン人をその通りに描写している。

③ハリルは息子のために努力を惜しまない。これに応える息子セリムの姿はレバノン人が移住先に有用な人間を育てている徴《しるし》である。

④ハリルは息子の結婚をまとめるべく相手方に援助するがそれを表沙汰にしない。レバノン人は他者に手を差しのべる行為をひけらかさないものだからである。

⑤笑いを誘うハリルの歌に代わり、セリムは近代的レバノンの歌声を披露する。セリムが

マルタと結ばれる結末はレバノンとメキシコとが近代国家として歩みをともにし、退廃から生み出される虚栄を退ける意味を持つ。

評価の当否はともかく、わざわざベネスエラからメキシコへ寄せられたこの投書は映画版ハリルをまずまず好意的に捉えている。なおこの前後、『エミール』誌上にミゲルによるハリル評は見かけられない。

ところが、舞台版が知られ映画版のまだ世に出回らぬ一九四〇年、ミゲルは『エクセルシオル』紙（当時の代表的日刊紙）のコラムニスト、ラファエル・ガルシア＝グラナドスに対し誌（紙）上論争を挑んでいる。同紙が必ずしもミゲルからの抗議書簡を掲載しないため、『エミール』がその写しを転載している。[*30] ミゲルを苛立たせるのは「シリオリバネス」（siriolibanés）という、シリア出自とレバノン出自を一括するそもそも誤った名詞・形容詞[*31]があたかも「彼らがメキシコの小売・小口商人を圧迫している」かの文脈で用いられている無知無雑作さであり、彼はレバノン人の大半が工場経営や卸売り業に従事することを指摘、内務省統計まで引用して反論する。

さらに一九四五年、ミゲルは『エル・ウニベルサル』紙（『エクセルシオル』と同じく大手日刊紙）のゴンサロ・デ＝ラ＝パラによるコラム「望ましからぬ外来者への通告その一」へも反撃を加えている。[*32] コラムニストが「スペイン人のほぼすべて、フランス人、米国人、そして一部のレバノン人」を「望ましき外来者」としたのに対し、なぜレバノン人には「一部の」なる限定が冠されるのかと問う。そしてスペイン人とレバノン人は民族的《エスニック》成り立ちを同じくし、在墨レバノン人のほぼ全体がキリスト教徒でもあるからメキシコへの同化は容易であること、レバノン人はメキシコ人の職を奪うどころか経営者として雇用を創出し労働者を厚遇していること、首都心臓部V・カランサ通りに電灯が敷設されたのは一九二一年メキシコ独立百周年を祝し在墨レバノン系コロニアが多大の寄付を集めた成果であることなど七点を列挙の上、「悪意と無知による非難」を諫める。今日から見てその論拠には首肯し難い部分も少なくないものの、八月十七日付『エル・ウニベルサル』紙に掲載された書簡の最後にミゲルは映画版ハリルを採り上げていた。新聞人は読者の反応を直接知ることなどさほどなかろうが、映画演劇なら観客大衆の入りから直ちに反応が伝わってくる、と映画人の自負を前置きし、たとえば「エル・バイサノ・ハリル」は——

……年寄った一レバノン移民が主人公であり、その姿は理解と共感をもって描かれるのでメキシコのみならずスペイン語圏アメリカにおいて心から温かく迎えられ、拍手喝采を巻き起こす成功作である。

と評して書簡を結ぶ。*33

レバノン人を揶揄する類の言説が現われればミゲルはすかさず反論し、その反論は時をおかずして『エミール』にも収録されている。同誌上にミゲル自身が真正面から映画版ハリルを論じた記事は見当たらないが、舞台版も含めハリル像への肯定的な言及の例を拾うことはできる。メキシコ社会が露にする無理解への反論の根拠には留保も要り、また当時一躍知れ渡ったハリル像を利用することこそ当事者にとっても得策だったであろうと考えられるが、「描かれた側」がハリル像を拒絶していたわけではない事実をひとまず確認しておきたい。その表象が更新されぬまま今日に至ってしまっているかもしれないことの問題性については別途議論すべきであろう。

§4. グリンゴからバイサノへ

「巴里のアメリカ人」ならぬ「メキシコのレバノン人」を語る際、真っ先に引き合いに出されるのは常に映画版ハリルである。ハリルの滑稽な振舞いは愛すべきレバノン人像を流布させることに役立つものの、「ハリル止まり」に終始する懸念を後年の論者たちに掻き立ててきた。ただしハリル像が当の出現時において、しかも当事者からどのように評されてきたかは従来検討の対象から落ちていた。本稿はその空白を埋めるべく、まさしくメキシコ映画の黄金期を築くミゲル・サカリアスその人が当時いかなる反応を示したか、主に雑誌『エミール』に依拠しつつ追ってきた。同時代の当事者にもハリル像は比較的好評と言ってよさそうなこと、単なるお人よしの商人としてではなく鉱山業に進出するハリルの企業家精神まで映画は先取りしていることが史料から浮かび上がった。

ここで本来の原作にも少しく紙数を割き、アルゼンチンのグリンゴがメキシコのバイサノへと転身する現象に着目してみたい。

まず原作者アルベルト・ノビオン（Alberto Novión）の来歴を紹介しよう。[*34] 彼は一八八一年フランスのバイヨンヌに生まれ幼くして両親とウルグアイの首都モンテビデオへ移住。ウルグアイとフランスの間にはロートレアモン伯（一八四六〜七〇）やジュール・シュペルヴィエル（一八八四〜一九六〇）といった文人が生まれている時代である。ノビオンは十五歳のときラ・プラタ対岸のアルゼンチンへ居を移し、一九〇〇年代半ばから同国演劇界で活躍を始めた。人気劇団を率いるポデスタ兄弟らとも協働し、喜劇作者として名を上げるほか、アルゼンチン著作者協会設立・運営にも大いに尽力する。

一九二三年三月ブエノス・アイレスのビクトリア劇場で初演[*35]された彼の喜劇「驢馬一頭にアラゴン農夫が三人も」（*En un burro tres baturros*）は一九三九年メキシコで映画化されており、メキシコ側で脚本を手がけ主演したのはカルロス・オレジャノ即ち舞台版ハリルを演じた俳優である。[*36] 時間が前後するが、舞台版ハリルの広告にも「『驢馬一頭にアラゴン農夫が三人も』の作者、あの忘れられぬアルベルト・ノビオンの喜劇」との惹句が確認される。[*37] とすれば「驢馬……」も映画化以前に、かつ舞台版ハリル上演以前にメキシコで上演済みであり、ノビオンの名が充分知れ渡っていたものと考えられる。ノビオン原作を翻案した舞台版ハリルが一九三八年メキシコ演劇界の話題をさらい、ノビオンの別の喜劇は翌三九年に映画化され、しかもこの二つの事実に同一人物オレジャノが関与しているとすれば、「グリンゴ」の輸入は何ら突飛な事例ではなく両国演劇界の交流の賜と言えよう。[*38] ノビオン自身は一九三七年ブエノス・アイレスに没したため、メキシコでのハリル像の成功には——舞台版・映画版のいずれも——接していない。

筆者の入手した原作脚本[*39]によると、「エル・グリンゴ・バラティエリ」は三幕から成り、初演は一九二一年五月二十四日ブエノス・アイレスのポリテアマ・アルヘンティノ劇場、上演主体はロベルト・カソー劇団[*40]である。題名の「グリンゴ」には注釈が要る。メキシコでなら多分に軽蔑を、稀に愛着を込め米国人を指すグリンゴだが、アルゼンチンの場合、とりわけ主に南欧からの新規移民を続々と抱え込み急速に首都の肥大化が進行する二十世紀初頭の同国においては「移民」の代表格たるイタリア人[*41]を意味する。見るからにイタリア式の姓バラティエリを携える主人公が狂言回しの役を務め、よそものへの視線が作品化されている点は「バイサノ」と変わりない。布地問屋のハリルに対し主人公ロムロ・バラティエリは鋳物工場主、妻はヘノベバ、息子はペドロと名づけられ[*42]、ベラダダ家に相当する相手方は元軍人ベナンシオ・キニオネス、その妻カミラ、娘マリア・テレサ、さらに小姑ホセフィナとその夫ベンハミン、加えてベラダダ家にはいない息子がマリア・テレサの兄ロドルフォとして設定されている。

筋立てを要約してみる。キニオネス家の男たちは揃いも揃って働かず、当主ベナンシオは歴史書をものすことに現を抜かしている。農園《エスタンシア》を有すも金策に困りロムロに借金を申し込む。これに快く応ずるロムロは仕事中毒のペドロを思いやり、本人たちを差し置いて息子とマリア・テレサとの結婚をキニオネス夫妻に持ちかける。しかし家柄が違いすぎるとカミラには相手にされない。当の本人たちも初対面は喧嘩別れに終わる。一方ロドルフォはペドロと意気投合し俄然仕事に目覚め、両者は共同事業に邁進。ところが次第にペドロはふさぎ込み、欧州へ旅立つことを考え始める。兄からそのことを聞きつけたマリア・テレサはヘノベバを介しペドロの本心を探ろうとする。当事者をよそに親同士の駆け引きはすれ違い、ペドロとマリア・テレサが実はお互い憎からずの仲と信ずるロムロは「若い二人の結婚を許さないなら担保をすべて接収する」とキニオネス家に迫る。結局、欧州出立を目の前にしたペドロとマリア・テレサが互いに本心を打ち明け、物語はめでたく終わる。

お高く止まったホスト社会の旧家と新参者一家。前者の娘と後者（単なる移民ではなく新興経済勢力として描かれる）の息子との結婚をめぐる喜劇――この構図は「グリンゴ」から映画版ハリルにそのまま引き継がれた。バラティエリ夫妻の台詞にイタリア語とスペイン語が混在する「笑いのツボ」も、イタリア語を「アラビア語訛りのスペイン語」として「バイサノ」に移植された。一部だが掛け合いの台詞がそのまま「バイサノ」に生かされた箇所もある。ただしロムロはアルゼンチン式スペイン語に特有の二人称 vos を使いこなし、ベナンシオが入れ揚げるアルゼンチン史執筆に自分も協力してきたとの台詞からはホスト社会への同化ぶりを窺わせる。逆に、家名ばかりを気にするキニオネス家一同に反撃材料としてロムロが突きつけるのは（その経済力を後ろ楯として手に入れた）イタリアの騎士勲章である。革命後のメキシコで勲位はおそらく自慢にならず、そもそも「レバノン貴族」はもっともらしさを欠くと思われるところから、「バイサノ」に勲位の件は全く登場しない。

だが何といっても「グリンゴ」と「バイサノ」の決定的な違いは後者映画版冒頭部分が強く印象づける叩き上げ商人の努力、および中盤の歌唱場面に尽きる。とりわけ〝父子歌合戦〟前後のシークエンスは映画版ハリル最高の見せ場をなす[*43]。グリンゴ脚本に相応・匹敵する場面はない。この決定的な違いが演劇と映画という再現手段の差によるものか、それともアルゼンチンとメキシコの差に由来するのか、換言すれば舞台版ハリルに二大見せ場が盛り込まれていたのかどうか即断はできない。しかし瞬く間にすっかり成功したハリルの立派な大店《おおだな》や〝父子歌合戦〟に際しスアドやセリムがグランドピアノを「弾いて見せる」それらしさは、ロケ撮影なり登場人物の大写しなりが可能な映画ならばこそ一層の効果を上げる。仮に舞台上この種の演出が施されたとしても、映画版観客こそ見せ場をより印象深く受け取ったであろうことは想像に難くない。ハリルの喜怒哀楽の表情も映画でこそ大いに楽しめると言えよう。

原作「グリンゴ」に〝父子歌合戦〟の如き見せ場——移民が出自文化（らしきもの）を半ば面白おかしくホスト社会に披露する場面——が欠けているもうひとつの理由は移民とホスト社

会との距離に求められ得る。社会の相当部分が移民から成るアルゼンチンに関し確固たるホスト社会を云々すること自体さほど意味はないものの、さしあたりこれをスペイン語社会と仮定するならば、グリンゴは確かに「異なる言語を話す者たち」ではあるが、客観的に見て同じロマンス語の範疇に入る「スペイン語」と「イタリア語」の間にスペイン語とアラビア語ほどの距離はない。

これに対し、同じスペイン語社会でありつつ先住民社会の強固な遺産を否定できず革命後混血《メスティソ》を国家の主軸とする政策が打ち出されていたメキシコにあって、レバノン人はただの外来者ではなく、「オスマン朝臣下」に端を発する「トルコ人」*44（turco）との俗称で呼ばれる通り東洋の風変わりさを漂わせる存在であった。それゆえミゲル・サカリアスは「レバノン人はスペイン人と同じ」「大半はキリスト教徒」とそのヨーロッパ性を強調せねばならず、後年の論者たちも映画版ハリルに漂うオリエンタリズムを憂慮する。

ただここに「バイサノ」の魔力を感知するのは筆者だけだろうか。アルゼンチン社会がイタリア移民を揶揄する「グリンゴ」をバラティエリに冠したのであればメキシコ社会もハリルに「トゥルコ」を与えてよかったはずである。順当に考えれば「エル・バイサノ・ハリル」ではなく「エル・トゥルコ・ハリル」が成立していただろう。しかし舞台版の段階からハリルには既にトゥルコではなくバイサノの称が添えられた。

ミゲルの指摘を思い出そう――それは米国内にあってスペイン語を話す者の肌の褐色ならば

「メキシコ人」、肌の色が薄ければ「スペイン人」と呼ばれるのを耳にするとき感ずる苦々しさに似ている。レバノンやアラブをムスリムとのみ結びつけたがる単純化への苦言である。ミゲルは「メキシコのレバノン人」としてだけでなく「米国のメキシコ人」としても生きた経験を持つ。ハリウッドの弟分として誕生・成長してきたメキシコ映画界の渦中に身を置き、米国での自作興行も経験した彼は、メキシコ（人）に対する米国（人）の眼差しを熟知していたはずである。*45

翻って米国では一九三五年、ジョン・スタインベックが故郷カリフォルニア州モンテレイ（モントレー）を舞台に「パイサノ」を主人公とする小説『トルティヤ・フラット』を発表。*46 同作はその後米国の中・高等教育課程に組み込まれ「お気楽な」メキシコ人像の流布を促した。同作家自身が一九三七年の新版刊行時にはパイサノの描き方を自己批判し、また後年そのパイサノ像には手厳しい批評が加えられている*47ようだが、なるほど当時のそのようなメキシコ人像が（いずれハリウッドを経由して全世界に）広まったのは事実である。*48

従ってハリルが「トゥルコ」ではなく「バイサノ」と呼ばれたことには二重のコンプレックスが織り込まれていよう。「メキシコ人」が外来者を戯画化する心理と、北の大国から投げかけられる戯画化への「メキシコ人」自身のやるせなさと。ベラダダ家の荘園に招かれる全編きっての見せ場にハリルはまず大ソンブレロを被ったチャロ姿で現われる。新聞の映画欄に繰り返し使われるハリルの似顔絵、本作の代表的場面として各種文献に引用されるスチール写真のいずれもがやはりチャロ姿。[49] 外来者ハリルが外来者でありながら、米国側からの視線に晒されるメキシコ人像パイサノと合体したところに、少なくとも映画版ハリルの成功の鍵が潜んでいたのではなかろうか。[50] しかも早くからアントニオ・バドゥ（Antonio Badú 一九一四〜九三）、マウリシオ・ガルセス（Mauricio Férez Yazbek Garcés 一九二六〜八九）、カプリナことガスパル・エナイネ＝ペレス（Gaspar Henaine Pérez 一九二六〜二〇一一）などレバノン移民やレバノン出自を持つ俳優たちが「メキシコ映画の顔」とみなされてきたことは特筆に値する。[51]

蛇足ながら日本においてはレバノン移民を父にもつアルフレド・ヒル（Alfredo Bojalil Gil 一九一五〜九九）率いるトリオ・ロス・パンチョスがメキシコ音楽の大御所として来日を繰り返し絶大な人気を博した。[52] 彼らのステージ衣裳にチャロ姿が不可欠とされることは言うまでもない。

＊註

1 García Riera 1998: 120.
2 García Riera 1998: 121.
3 筆者は一九八三年六月から一年ほどメキシコ留学の機会を得た。首都到着直後ルイス・ブニュエルが他界、追悼上映の場に与ったが、初学者にとりブニュエルはあくまで「スペインの」「シュールな」監督でしかなかった。一方、足繁く通い詰めた国立映画館シネテカでは最近作ばかりでなく黄金期メキシコ映画の監督別特集上映にも恵まれ、ミゲル・サカリアスの名は純然たるメキシコ映画人として筆者の頭にすんなりと、かつ強く刻み込まれた。いずれその出自を知るに至るが、メキシコの映画監督といわれれば筆者はどうしてもこの名を筆頭に挙げざるを得ない。多分に偶然の命ずる評価でもあることをご承知おき願いたい。

4 以下ミゲルの伝記的事項は主として Agrasánchez 2000 および Meyer 1976a による。

5 Agrasánchez 2000: 12.

6 メキシコにおいて外国人登録が整備されるのは一九二九年以降。Martínez Assad 2008: 135-136.

7 Meyer 1976a: 65.

8 二本目との説もある。Macluf 1999: 213.

9 Agrasánchez 2000: 23.「波の上に」のほかミゲル三作目の「ロサリオ」（*Rosario* 一九三五）もニューヨークで上映され、それぞれ三四年、三六年の『ニューヨーク・タイムズ』紙上に紹介記事がある。Agrasánchez 2000: 27; 37.

10 Meyer 1976a: 54.

11 Macluf の論考には「レバノン出自の同胞」を指す語として paisano が多用されている。

12 以下、本作の粗筋は ZIMA Entertainment《Grandes de nuestro cine》DVD-7310 版に基づく。

13 カルロス・スリムについては「移民聖人チャルベルの冒険」に詳述。一般書店には流通しない Díaz de Kuri y Macluf eds. 1999 を筆者が早くに入手できたのは、スリム傘下の百貨店チェーン Sanborns' の書籍売場、そのまたひときわ目立つ一角に同書が飾られていたお陰である。なお彼の早逝した妻ソウマヤ・ドミ＝ジェマイエル（Soumaya Domit Gemayel 一九四八～九九）の母親はレバノン政界のカリスマ的指導者ピエール・ジェマイエル（一九〇五～八四）の姪に当たる。

14 Martínez Assad 2008: 138-139. ほかに Alfaro Velcamp 2006 は本作を、一九四〇年代のメキシコでレバノン人たちが既に頭角を顕わしていたこと、またその勤勉さがメキシコの近代化に資するとみなされていたことの証左と解しつつ、ハリルをできる限りエキゾチックに造型することでハリウッド式の「他者」表象を模倣したのではないかと述べている。ただし Alfaro Velcamp の論考には誤記が頻出するため参照時には注意を要する。

15 Meyer 2013: 32. この記述は Meyer 1976b や Estrada 1996 が引用するワレルステインの言と少しずつ含意を異にし、真偽のほどは明らかでない。本文に述べる通り当時の新聞雑誌類が報ずるところからは舞台版ハリルにパルダベの関与は認められず、ワレルステインの回想をそのまま額面通り受け容れることには難がある。

16 毎木曜に刊行されるブエノス・アイレスの演劇専門誌 *La Escena* に発表。初演は同年五月二十四日。

17 Estrada 1996: 35; Carrasco Vásquez 2004: 56.

18 Estrada 1996: 35.

19 当初は後出のカルロス・オレジャノ、その後アルマンド・カメホ Armando Camejo がハリルに扮した。交代の理由は不詳。

20 一九三八年八月二十日（土）初日。

21　コロニア内定期刊行物としての発足は決して早くないが、記事の性格や社交・消息欄の充実ぶりからコロニア随一の情報誌と評される。Martínez Assad 2008: 138.

22　*Emir*, Año II No.16, sep.1938 p.3.　この書簡はキューバの *Avance Criollo* 誌にも転載されたという。

23　パルダベへの言及は一切ない。従ってパルダベがハリルの生みの親であるとするワレルステインの回想にはやはり疑問がつきまとう。

24　その言によればレバノンは「小アジアに位置するも欧州流儀を完璧に身につけ、東洋のよすがは言語、また一部の音楽に残るのみ」である。なおこの時点でのレバノンは「独立途上」の単位。

25　ヘスス・グロバスとの共同会社。ミゲルの回想によれば正式な発足は一九四〇年代に入ってからのこと。一九三八年の大ヒット喜劇「パパ大いに困る」（*Los enredos de papá*）以降グロバス配給体制の下ミゲルが制作・監督した作品は四本を数え、M・フェリクスとJ・ネグレテを迎えた「アニマスの岩山」を経てグロバス制作関与が本格化。しかし両者の協働は四八年に終焉。Agrasánchez 2000: 95-96; 203-206.

26　*Cinema Reporter*, Año I No.28, enero 27 de 1939. 同誌はこれ以前にも、フェルナンデス＝ブスタマンテ監督、カルロス・ラベルネ制作による映画化企画（Año I No.10, sep. 23 de 1938）や一九三八年十二月後半には撮影開始見通しとの短信（Año I No. 15, oct. 28 de 1938）を報じている。ところがその後は続報が途絶え、四一年に再び同作が言及される時点ではフィルメックス社つまりワレルステイン制作へと転じている（Año IV No.170, oct. 17 de 1941）。撮影に入ったのは結局四二年六月のことだった（Año V No.205, junio 19 de 1942）。

27 ガルシア＝リエラも映画版ハリルの歌唱シーンは陳腐にして悪趣味と断じている。García Riera 1992: 264.
28 *Emir*, No.79, enero 25 de 1944, pp.34-36.
29 ベネスエラでの上映地・時期は不詳。
30 *Emir*, Año III No.33, 25 feb. 1940, pp.3-4 および Año III Nos.34-36, marzo-abril-mayo 1940, pp.22-23.
31 ミゲルの言に反し、ラテンアメリカ全域に目を向ければサン・パウロやブエノス・アイレスの最高級病院とされる Hospital Siriolibanês を始め同胞団体でも両出自を一括する語が使われる場面は珍しくない。ただメキシコに限ればシリア出自よりレバノン出自がはるかに目立つことは間違いない。
32 *Emir*, No.98, agosto 1945, pp.37-38.
33 八月十七日付『エル・ウニベルサル』紙にはデ＝ラ＝パラが自身のコラム上にミゲルの書簡を丸々引用する形で掲載された。『エミール』転載版はコラム掲載版末尾の二段落を欠き、映画版ハリルへの言及をもって書簡が閉じられる体裁になる。その分ハリルへの好意的評価が読者の印象に残るかもしれない。
34 Livio Foppa 1961: 479-480.
35 *La Escena*, Año VI No.254, mayo 10 de 1923. 初演劇団は「グリンゴ」と同じく後出のR・カソー劇団。
36 García Riera 1992: 117-118. オレジャノのほかS・ガルシア、パルダベも本作に出演。

37 *Excélsior*, 21 de agosto de 1938.

38 もっとも「交流の賜」と簡単に済ませられるか否か疑問は残る。『エクセルシオル』日曜版の映画演劇欄は、メキシコの「翻案家」たちがアルゼンチン演劇界の評判作を無断で転用するためアルゼンチン側の心象を損ねている由、またそうした品のない行為に手を染めている者としてフェルナンデス＝ブスタマンテの名を報じている（*Revista de Revistas: Semanario Excélsior*, Año XXVIII No.1493, 1° de enero de 1939）。両国間における著作権問題が映画版ハリル完成までの迂余曲折の裏に隠れている可能性も考えられる。

39 本脚本の入手に際し Facundo Cersósimo, Cecilia Ferroni の協力を得た。

40 フランス移民の子 Roberto Casaux（一八八五～一九二九）率いる劇団。カソー自身ドイツ系、スペイン《ガジェゴ》系、ユダヤ系など「外来者」役を演ずることが多かった。

41 Chuchuy 2000: 312.

42 ロムロ Rómulo はローマ建都神話の主人公たる双子の兄弟の一方ロムルスに由来。ヘノベバ Genoveva は女性名としてスペイン語世界に流通するが、容易にジェノヴァを連想させる。対する息子にはありふれたスペイン語名ペドロ（イタリアならピエトロ）が付与され、ハリルの息子セリムの明からさまなアラブ色とは印象を大きく異にする。家名バラティエリは貴族に遡るとの説もあるが、イタリア語の普通名詞 barattière に至ると汚職に携わる者、賭博の胴元などを意味し、芳しい響きを放つとは言いづらい。

43 ラジオ界の人気歌手として名の知れたエミリオ・トゥエロを息子セリム役に起用したことも〝父子歌合戦〟を効果的に盛り上げたであろう。

44 この呼称そのものはシリア、レバノン、パレスティナないし地中海東方《レバント》に出自を持つ者を指す俗称としてラテンアメリカ全般に知られる。二十世紀初頭のアルゼンチン演劇界では他の移民集団に伍し「トルコ人」も登場人物として舞台を踏み、観客の目の前で形象化されるようになってゆく。**Ordaz 1946: 114.**

45 ではミゲルが自らを全きメキシコ人と考えていたのかどうか。残念ながら答は否定的なようである。一九九三年に授与された特別功労賞《アリエル・デ・オロ》以外、メキシコ映画アカデミー賞《アリエル》（一九四六年創設）に彼自身はほぼ縁がない。五〇年、監督作「子供たちの苦悩」（*El dolor de los hijos* 一九四八）が候補となるも賞を逃し、受賞した盟友アレハンドロ・ガリンド監督が逆に「アラブ人にはアリエルなぞやらんというわけだ」と憤ったという。本人も自分は「害を及ぼすよそ者だから」これまで賞をもらえなかったのだ、と特別功労賞授与の席で発言している。**Agrasánchez 2000: 107, 192.**

46 スタインベックの出世作。売れ行き好調のお陰で彼はメキシコ旅行を実現させることができた。とうもろこしを原材料とするトルティヤはメキシコを含む中部《メソ》アメリカ一帯の主食。人間もとうもろこしから創られたとするマヤの世界観と切り離せない。小説の題はトルティヤと呼ばれる地区を意味し、そこにはモンテレイの「昔からの住民」（パイサノ）が住んでいる。同作は「ハリル」と同じ一九四二年MGMにより映画化された。スタインベックとメキシコとの因縁では、自作小説に即し彼が脚本を書き、撮影監督ガブリエル・フィゲロアのキャメラが世界的に高評価を得た「真珠」（*La perla*　エミリオ・〝インディオ〟・フェルナンデス監督　一九四五）の一件が有名だが、ミゲルの息子アルフレド・サカリアスが二〇〇〇年に「真珠」リメイク版を英語で撮っているのは奇縁と言えよう。また四五年版で主人公P・アルメンダリスの相手役を務めた女優マリア・エレナ・マルケスの孫娘マリア・エレナ・トルゥコ＝ガルサ（María Elena Torruco Garza）は二〇一〇年カルロス・スリムの長男カルロス・スリム＝ドミ（Carlos Slim Domit）と結婚。

47　Márquez 1989: 313-314.

48　ソンブレロを被った男たちがギターに合わせて歌う「チャロもの」「ランチェラ」作品を量産し盛んに輸出した当のメキシコ映画もパイサノ像の流布に手を貸している。遠くその影響はNHKの子供向け人形劇「ブーフーウー」（飯沢匡・作　一九六〇～六七放映）にまで及んだ。

49　たとえば Lozoya 1992: 156; García Riera 1992: 263; Meyer 2013: 33.

50　註14に触れた Alfaro Velcamp のハリウッド模倣説に対する筆者からの反論である。

51　ほかにも監督のアントニオ・エルー（ヘルー）、脚本のアンデレ・ダヘル、アスンシオン・アイサ＝バンドゥニや、ペドロ・インファンテ出演作を多数世に送ったプロデューサーのアントニオ・マトゥクら影の顔にも事欠かない。興行面では一九四〇年代メキシコシティ中心部にシネ・カイロを擁したナギブ＆エリアス・ブエレ（Nagib Buere, Elías Buere）父子、一九四〇～五〇年代アグアスカリエンテス、ミチョアカン両州に数館の劇場を擁したミゲルとネイフのジュリ（フリ）兄弟（Miguel Jury, Neif Jury）がいる。近年は女優サルマ・ハエク（夫は仏財閥ピノー家の当主）、舞台でも活躍するビチル三兄弟、テレビから映画に進出したホセ・マリア・ヤスピクなどの名が挙がる。Maclufは映画界へと活動の場を広げたパイサノを論ずる頁に映画版ハリルの一場面と「あきんどネギブ」のポスターをあしらい、本文に何の言及もないながら実質パルダベをパイサノ扱いしている。Macluf 1999: 214.

52 アルフレドの弟チュチョ・マルティネス＝ヒル（本名Jesús Bojalil Gil 一九一七～八八）もメキシコ大衆歌謡界を代表する作曲家・歌手。

参考文献

Agrasánchez, Jr., Rogelio. 2000 *Miguel Zacarías: creador de estrellas,* Texas, Archivo Fílmico Agrasánchez + Guadalajara, Universidad de Guadalajara.

Alfaro Velcamp, Theresa. 2006 “La etnicidad árabe y judía en la filomagrafía (sic.) mexicana” en Ignacio Klich comp., *Arabes y judíos en América Latina: historia, representaciones y desafíos*, Buenos Aires, Siglo XXI Editora Iberoamericana, 2006, pp.353-378.

—— 2013 “From *Baisanos* to Billonaires: Locating Arabs in Mexico” in Evelyn Alsultany & Ella Shohat eds., *Between the Middle East and the Americas: The Cultural Politics of Diaspora*, The University of Michigan Press, 2013, pp.96-107.

Carrasco Vázquez, Jorge. 2004 *Joaquín Pardavé, un actor vuelto leyenda*, México, D.F., Editorial Toma.

Ciuk, Perla. 2000 *Diccionario de directores del cine mexicano,* México, D.F., CONACULTA-Cineteca Nacional.

Chuchuy, Claudio. 2000 *Diccionario del español de Argentina,* Madrid, Gredos.

Díaz de Kuri, Martha y Lourdes Macluf eds. 1999 *De Líbano a México: crónica de un pueblo emigrante*, México, D.F., Gráfica, Creatividad y Diseño.

Estrada, Josefina. 1996 *Joaquín Pardavé: el señor del espectáculo,* tomo II, México, D.F., Editorial Clío.

García Riera, Emilio. 1992 *Historia documental del cine mexicano,* Vol.2 1938-1942, México, D.F., IMCINE + CONACULTA + Universidad de Guadalajara + Gobierno de Jalisco.

—— 1998 *Breve historia del cine mexicano: primer siglo 1897-1997,* México, D.F., IMCINE + CONACULTA + Canal 22 + Universidad de Guadalajara.

Jacobs Barquet, Patricia. 2000 *Diccionario enciclopédico de mexicanos de origen libanés y de otros pueblos de Levante,* México, D.F., Ediciones del Ermitaño.

Livio Foppa, Tito. 1961 *Diccionario teatral del Río de la Plata,* Buenos Aires, Ediciones del Carro de Tespis + Sociedad General de Autores de la Argentina.

Lozoya, Jorge Alberto ed. 1992 *Cine mexicano,* México, D.F., CONACULTA+ IMCINE + Lunwerg Editores.

Macluf, Lourdes. 1999 “Los libaneses en el cine mexicano” en Martha Díaz de Kuri y Lourdes Macluf eds., *De Líbano a México: crónica de un pueblo emigrante,* México, D.F., Gráfica, Creatividad y Diseño, 1999, pp.213-219.

Márquez, Antonio. 1989 "Literatura Chicanesca: The View from Without" in Francisco A. Lomelí & Carl R. Shirley eds., *Dictionary of Literary Biography Vol.82: Chicano Writers 1st Series,* Detroit, Gale Research Inc., 1989, pp.309-315.

Martínez Assad, Carlos. 2008 "Los libaneses inmigrantes y sus lazos culturales desde México", *Dimensión Antropológica,* Año 15 Vol.40, sep/dic 2008, pp.133-155.

—— 2011 "Joaquín Pardavé: sus rostros de inmigrante", *Revista de la Universidad de México,* No.91, sep. 2011, pp.66-70.

Meyer, Eugenia 1976a "Testimonio para la historia del cine mexicano (entrevista con Miguel Zacarías)", *Cuadernos de la Cineteca Nacional,* No.4, 1976.

—— 1976b "Testimonio para la historia del cine mexicano (entrevista con Gregorio Walerstein)", *Cuadernos de la Cineteca Nacional,* No.5, 1976.

—— 2013 *Gregorio Walerstein, hombre de cine,* México, D.F., Fondo de Cultura Económica +UNAM.

Novión, Alberto. 1921 "El Gringo Barattieri", *La Escena: revista teatral,* Buenos Aires, Año IV No.154, junio 9 de 1921.

Ordaz, Luis. 1946 *El teatro en el Río de la Plata,* Buenos Aires, Editorial Futuro.

スタインベック、ジョン　一九七七　「おけら部落」『筑摩世界文學大系75　ドス・パソス／スタインベック』　筑摩書房（一九七四）　二一七〜三〇七頁

レイルズバック、ブライアン&マイケル・J・マイヤー共編　二〇〇九　『ジョン・スタインベッ

ク事典』　雄松堂出版

その他　新聞雑誌類

【追記】

本稿脱稿後に入手した文献 Camila Pastor, *The Mexican Mahjar: Transnational Maronites, Jews, and Arabs under the French Mandate*, Austin, University of Texas Press, 2017 もミゲルの書簡（本書27頁）にやはり注目し、スペイン人とレバノン人とを、換言すれば《新世界《アメリカ》》征服者としてのスペイン人と地中海の覇者たるフェニキア人とを、同列視した上で文明の側に立とうとする当時の在墨レバノン系エリートたちの心性を論じている。

移民聖人チャルベルの冒険

鶴見俊輔はそのメキシコ滞在・体験記を『グアダルーペの聖母』（一九七六）と名付けた。個々人の信仰信条にかかわらず、この褐色メスティソの聖母、征服と植民地化の帰結を体現する女人像こそメキシコ性《メヒカニダ》の象徴としてメキシコ社会を遍く包み込む。彼女は独立運動の旗に宿り、グアダルパーノと呼ばれる追随者を多数従える。米国西海岸ではその図像がチカーノ復権運動やヒスパニック／ラティーノの抵抗、「不法移民」の叛逆の意志をも背負ってきた。

近年そのメキシコに新たな聖人が参入する。その名は聖チャルベル（シャルベル）San Charbel ことユースフ・マクルーフ Youssef Makhlouf 、レバノン山中に蟄居したカトリック・マロン派の隠者（一八二八〜九八）である。メキシコに限らず聖母聖人の顕現を尊ぶカトリックの顰みに倣い、まず筆者の「体験」した実例を挙げてみよう。

《顕現その一》　政界にもコネのある有力実業家の息子クリストバル・ガンボアがメキシコシティから車で一時間ほどの町テポストランへやって来る。今日は両親の別荘へ友人たちを招いた。初めて遊びに来た女の子たちを彼が案内するさなか、キャメラはつと庭の片隅に祀られた聖チャルベルの像をとらえる。

ブエノス・アイレス出身という予期せぬ来訪者に心奪われた主人公はメキシコの文物習俗が珍しいはずの彼女に聖人の名を教える。「聖チャルベルだよ。」すると彼女もその名を繰り返す――聖チャルベル……いいわね。

日本でも知名度の高い俳優ガエル・ガルシア＝ベルナルが監督デビューを飾った本作「負い目」（*Déficit* 二〇〇七年　公開邦題「太陽のかけら」）には、こうして唐突に聖人が登場する。もちろんガエル扮する主人公とヒロインとは聖人の名を一度ずつ唱えるだけで、それ以上一切説明はない。見たところ聖人は物語の筋を左右する鍵ともならない。片やクリストバル・ガンボアという名にレバノン出自を匂わせる響きはない。聖人に観客の注意を向けさせておきながら何ら説明を加えないのはおそらく、本作の主たる観客つまり懐具合が中から上のメキシコ人向けにはその必要がないからであろう。改めて言うまでもなく、ここでは既に聖チャルベルが富裕層の記号として用いられている。

《顕現その二》　ベテラン女優パトリシア・レイェス＝スピンドラもまた聖チャルベルを崇めるひとりである。二〇一一年、彼女は乳癌の宣告を受けた。のちに公刊する闘病記のなかで、手術を前に首都ポランコ地区のサン・アグスティン教会――本人曰く「通い慣れたいつもの教会」――へ赴き聖チャルベル像に白い願掛けリボンを奉納したと打ち明けている。[*1] リボンの白は息災快癒祈願の色と言われている。[*2]

一九七〇年代よりミゲル・リティン、フェリペ・カサルス、アルトゥロ・リプステインら著名監督の代表作に次々名を連ね、演劇スタジオを主宰し、大衆受けするテレビドラマの世界でも活躍する彼女はしかし、レバノン出自を持つわけではない。もっともポランコといえばメキシコシティの高級住宅街・一等地の代名詞、東京なら六本木から広尾界隈に相当しよう。富裕なユダヤ系コミュニティの集うシナゴーグ[*3]と一帯を分け合うサン・アグスティン教会が聖チャルベル像を擁するのは、ある種当然の仕儀と言える。

隠者の遺徳

さて肝腎の聖チャルベルとは何者か。在墨マロン派司教区発行の伝記資料によれば、[*4] ユースフ・マクルーフは一八二八年ベイルートの北方一四〇キロメートルほどに位置する高原の村ビカ・カフラ Biqa-Kafra に生まれる。三歳の時、父が軍の徴用に応じたまま不帰の人となり、七歳を迎える頃には母の再婚相手が取り仕切る教区教会を手伝い始めた。母方のおじたちの導きもあり、聖職を志して一八五一年マイフク Mayfouq 僧院へ赴き、以後チャルベルを名乗る。

一八五九年、三十一歳で神父に叙任されアンナヤ Annaya 僧院で神の道に仕えるが、一八七五年以降さらに神に近づくべく晩年の二十三年を隠者として送る。一八九八年末、クリスマスの前日に没した。

生前より、その祝福を受けた病者の症状が軽くなる、油の代わりに水を差しても彼のランプは夜通し燃え続ける、など不可思議な逸話を残したチャルベルが、真にその「奇跡」を広く知らしめるのは死後のことだった。埋葬の数週間後、彼の墓を取り巻く光が目撃され、一八九九年四月十五日にいったん墓を開けてみると、遺体は生前と全く変わりなく、ただし鮮血を汗のように染み出させていたという。

遺体を埋め直し再びの発掘を繰り返しても腐敗がみられず赤い汗を流し続けていたことから、遂にマロン派教会は一九二五年ローマへ使節を派遣、教皇ピオ十一世に列福（「聖人」認定に至る手前の「福者」認定）調査を申請する。たちまち、彼が晩年を過ごした隠棲の地は噂を聞きつけ奇跡にすがる人々の巡礼先と化した。一九六五年の列福を経て一九七七年に聖チャルベルが誕生する。

列福に際し、レバノンを象徴する杉の枝を中央に、その周囲にレバノン国旗の赤白をあしらった花束を教皇へ献上した[*5]ことからもわかるように、建前上普遍《カトリック》教会の一派をなすと言いつつも、マロン派はレバノンという国家を担うナショナルな宗派である。宗派体制により知られる同国では大統領はマロン派信者でなければならない。聖母の名も「我らがレバノンの聖母」と明からさまにレバノンを冠する。とすれば聖チャルベルもレバノンのナショナルな聖人であるはずだった。ところがメキシコでその存在はもはやグアダルペの聖母に肉薄する。信者たちの移住が聖人の移住をもたらし、マロン派がカトリックの一派として東方キリスト教から距離をおくのと裏腹に、もしくは軌を一にして聖人は脱レバノン化の冒険へと船出した。

新自由主義の風を受けて

たとえばメキシコの月刊誌『コンテニド』二〇〇九年年末号は表紙にグアダルペの聖母、聖ユダ・タデオ、[*6]聖チャルベルの三者を並べ、「なぜ彼らがメキシコで最も崇められるのか?」と題する特集を組んでいる[*7]（*xli*頁 写真36）。「その出自ゆえこの聖人は富者の願いのみを聞き入れると言われていた。しかしながら時とともに聖チャルベルはあらゆる社会階級に向けて奇跡をなす、あまつさえ聖ユダ・タデオの解決できない難題をも受けてくれるとの名声を得るに至った」との指摘[*8]が興味深い。当の『コンテニド』誌が一九九七年には「富者を助く貧しき聖人チャルベル」なる記事を掲載しており、チャルベル信仰は一九九〇年代半ばのメキシコ社会に広く認知されていたことが窺える。

これはちょうど、いずれ「世界一の富豪」へと浮上するカルロス・スリム＝エルー（ヘルー）[*9]がサリナス政権（一九八八～九四）の進める新自由主義政策の恩恵を受けて急速にその事業を拡大[*10]、テルメックス財団を創設（一九九六）し、次期メキシコ市長（二〇〇〇～〇五）アンドレス・マヌエル・ロペス＝オブラドルと組みメキシコシティ旧市街の再開発[*11]に乗り出してゆく助走の時期に重なる。なお一九九一年以降スリムは『フォーブス』誌にしばしば採り上げられる「成功者」の地位を築く。

アカデミズムの世界に目を転ずると、ルイス・アルフォンソ・ラミレスの著書『家族の秘密――ユカタンのレバノン人と実業家エリートたち[*12]』はメキシコのレバノン移民・レバノン系実業家研究が一般人の目にも触れる嚆矢だが、その刊行は一九九四年、版元は国立文化芸術審議会 CONACULTA である。今日このテーマを扱う際に欠かせないパトリシア・ジャコブス＝バルケ編『レバノンその他レバント諸民族に出自をもつメキシコ人百科辞典[*13]』（二〇〇〇年刊）は同審議会学術基金局 FONCA から一九九六～九九年次に亙る調査費用を得て企画が成立、八〇年代半ばスリムが買収したドラッグストア兼デパートの老舗サンボルンスとスリムの興した証券会社インブルサが刊行費用を負担した。

書店も営むサンボルンスでレバノン移民の来歴や文化を紹介する大型豪華本[*14]が売られるようになるのは世紀の変わり目、ラテンアメリカ全般におけるシリア‐レバノン移民あるいはアラブ‐ユダヤ‐中東由来コミュニティを論ずる研究書[*15]が続々上梓されるのもこの頃からである。

メキシコのマロン派

一八七八年、カリブ海を望むベラクルス港にブトロス・ラフル Butros Raffūl という名の人物が上陸する。*16 エルナン・コルテス以下スペインからの征服者たちも降り立ったベラクルスはニューヨークのエリス島に似て「近代メキシコ」が大西洋の向こう側・地中海世界・欧州から届く「新しきもの」を迎え入れる玄関口として栄える。メキシコに到着したレバノン移民第一号として記録の残るラフルは実はマロン派の聖職者であった。そこでメキシコにおける同派教会の歴史はここを起点とする。キリスト教さらにはマロン派がレバノンの宗派地図を隅々まで律するわけではないが、司祭が移民の皮切りとなった事実はメキシコのレバノン系コミュニティがマロン派とより強力に結びつき、その聖人チャルベルと同一化することを幾分かは後押ししているだろう。

一九二三年にはマロン派自前の教会「ヌエストラ・セニョーラ・デ・バルバネラ」が同胞《バイサノ》ハリルも居を構えたコレオ・マヨル通りに建てられる。レバノン系を含む繊維製品問屋・小売商がメキシコシティ中心部に軒を並べ繁盛する時代のことだが、メキシコが第三世界の盟主を任じ首都が急速に膨張する一九六〇年代半ばには富裕層の郊外転出が始まり、首都でも中南部フロリダ区*17の一画にヌエストラ・セニョーラ・デ・リバノ（レバノンの聖母）教会が建てられ

（一九七二）、マロン派伝道使節団の本部もその近くへ移される。レバノン内戦「終結」からほどない一九七九年、第一回世界マロン派大会がメキシコで開催された[18]ことも特筆しておくべきだろう。チャルベルの列福列聖とほぼ同時期の動きであることに注意したい。

　バルバネラ教会は旧市街の経済的社会的地盤沈下とともに地元の低所得層が通う教会へと変貌した。しかし、信徒の属性が入れ替わってもチャルベルは居残り、聖チャルベル信仰が引き継がれたからこそ、その脱レバノン化＝土着化につながったことは間違いない。メキシコシティのへそ憲法広場《ソカロ》からほんの三ブロック、現在でも年中買い物客でごった返す首都心臓部を護るバルバネラ教会。その堂内に両腕を広げて立つ聖チャルベル像には願掛けやお礼参りのリボンが絶えない。

土着化の諸相

　マロン派教会の認定によれば、二〇〇九年現在メキシコ国内で聖チャルベルを祀る教会は七十四を数え、うち半数が首都に所在する。[19]先述したサン・アグスティン教会はサリム・ペレス、マルカ・ペレス夫妻の寄贈した聖像を擁し（寄贈年不明）[20]、メキシコ・カトリックの総本山たる首都大聖堂にも一九九九年から聖像が設置されている。それどころではない。「メキシコの母」を祀り毎年十二月十二日には国内外から熱心な巡礼者が詰めかけるテペヤックのグアダルペ寺院《バシリカ》にも、二〇〇一年から聖チャルベルが立つ。二〇一二年九月、現地調査の一環として筆者はほぼ三十年ぶりにバシリカを見学、メキシコの衆生多数が頼みとするナショナルな聖母のお膝元、いかに旧堂内[*21]といえどもメヒカニダの最たる場にチャルベルの姿を認め、正直なところ驚愕した。聖チャルベルの脱レバノン化が昂じ、グアダルペ寺院という至高の聖域を浸蝕するまでになっている――この現実を直視するのはよそ者にとってすら容易ではない。

　同年同月メキシコシティはコヨアカン区の民衆文化博物館が開館三十周年に企画したエクス・ボト展の会場でも、筆者は聖チャルベルを発見した。カトリック世界の絵馬とでもいうべき奉納品エクス・ボト、そこに信者たちは感謝の詞書とともに自分たちの願いや訴えを聞き入れ取りなしてくれた聖人の姿を描き込んでくれるよう絵師に依頼する。感謝の対象は圧倒的にグアダルペの聖母、ときにアトチャの小聖人[*22]だが、展示作品のうち二点が聖チャルベルを描き込んでいた。一点は養子縁組の成立、もう一点は借金苦からの脱出を聖人に感謝する。[*23]描き手（絵師）は別々だが展示説明を読む限りそれぞれ二〇一一年、二〇〇九年と記され、近年の作である。エクス・ボトはもっぱら庶民の謝意表明媒体とみなされているため、[*24]ここにも聖チャルベルが「富者の願いのみを聞き入れる」存在から脱皮しつつあるさまを看て取れよう。

　実は冒頭に触れたクリストバル・ガンボアの物語には少々お断わりが要る。ヒロインをブエノス・アイレス生まれと設定したからこそ主人公は聖チャルベル信仰（＝メキシコの風習）を教えてやっている。

しかしアルゼンチンにもブラジルにもレバノン移民は達し、立派なマロン派教会も存在する。[*25] アルゼンチンやブラジルでは聖チャルベルの脱レバノン化は起きていないのだろうか。

以下あくまで推測に留まるが、まさしく「移民社会」の成り立ちの違いが聖チャルベルの変貌の度合を左右しているように思われる。現メキシコ国家はスペイン植民地統治の要諦ヌエバ・エスパニャの版図を――手痛い欠損を被ったとはいえ――引き継いだ。その版図には征服された先住民社会を基盤としメスティソを人口の多数派とする社会がつくられ、独立後、さらにメキシコ革命を経て、頭数の上での多数派が権力関係においても主軸を握れるよう、少なくとも「メスティソ国家としてのメキシコ」を国是と掲げる道を進んできた。

これに対し南米の東部から南部――ここに米国およびカナダの大半を含めてもよいかもしれない――には先住民人口が（相対的に）稀薄であったため、独立ののち国家の体裁を大急ぎで整えるべく世界中から移民を招き入れる構図があった。となると、聖チャルベルを奉ずるマロン派レバノン移民は数多ある雑多な移民集団のそれぞれと同等の、単なる一集団に過ぎない。いわゆる「トルコ人」のうちメキシコでは圧倒的にレバノン系が目立つが、管見の限り他のラテンアメリカ諸国ではシリア（歴史的シリアを含む）系の存在感もレバノン系に決してひけを取らない。チリや中米では「パレスティナ」という自己認識が卓越する。実態は措くにせよ、「メスティソ国家」のイデオロギーが横溢していたからこそ逆にメキシコでの「レバノン移民《バイサノ》」の発見は早く、他に先駆けて聖チャルベルの脱レバノン化も進んだのではなかろうか。

聖タコスの奇跡

メキシコの軽食タコスはおそらくチカーノないしラティーノ系米軍兵士によって沖縄の米軍基地にもたらされ、独自の変身《メタモルフォーゼ》を経てタコライスを生んだ。今日「タコライス」が沖縄を表象する食べ物として流通する事実はまことに感慨深い。翻って本家本元のタコス、なかでも店先で炙る肉塊を薄くそぎ、トルティジャ（トルティヤ）に挟んで供するタコス・アル・パストールをめぐり、レバノン移民が持ち込んだものではないかとの説[*26]が近年流布し始めた。なるほどタコス・アル・パストールの供し方はレバノンに限らず中東全般で食されるケバブのそれによく似ている（*xxxiv* 頁 写真21）。メキシコを代表する料理のひとつであるタコスが**もし本当に**東地中海世界から流れ着いたのならば、聖チャルベルがグアダルペの聖母に伍し、否、あまつさえ彼女をしのぐ存在になったとて、何ら驚くには当たらない。

＊註

1　Reyes Spíndola 2015: 41-42.

2　ほかに青、緑、赤、黄、紫などがある。Fernández Defez 2008: 25-29; Peralta Gómez 2009:

106-110. ただし、筆者が関係者に質した限りリボンを下げる風習はレバノン本国には見られず、近年のメキシコに始まったという。Bustani のチャルベル伝にも言及はない。

3　ポランコ区ソクラテス通り三七一番地には正面に巨大なダビデの星を掲げるマゲン・ダビ Maguen David 会堂がある。一方同区北側にはスリム・グループの手がける一大ショッピングセンター Plaza Carso（二〇一〇年竣工、その後居住棟を併設）、ジブラーン・ハリル・ジブラーンの絵画・手稿・書簡多数を含むスリム一族の蒐集品を展示する新ソウマヤ美術館（年中無休、入場無料）もその偉容（*xxvi*頁 写真4）を誇る。二〇一一年三月の同館開館式にはガブリエル・ガルシア＝マルケスも招かれた。

4　以下、チャルベルの伝記的事項は主として Bustani 2009 に依る。同書はレバノン本国で出版された Paul Daher, *Charbel: Un homme ivre de Dieu* の西訳版をメキシコで再版したもの。

5　Bustani 2009: 197.

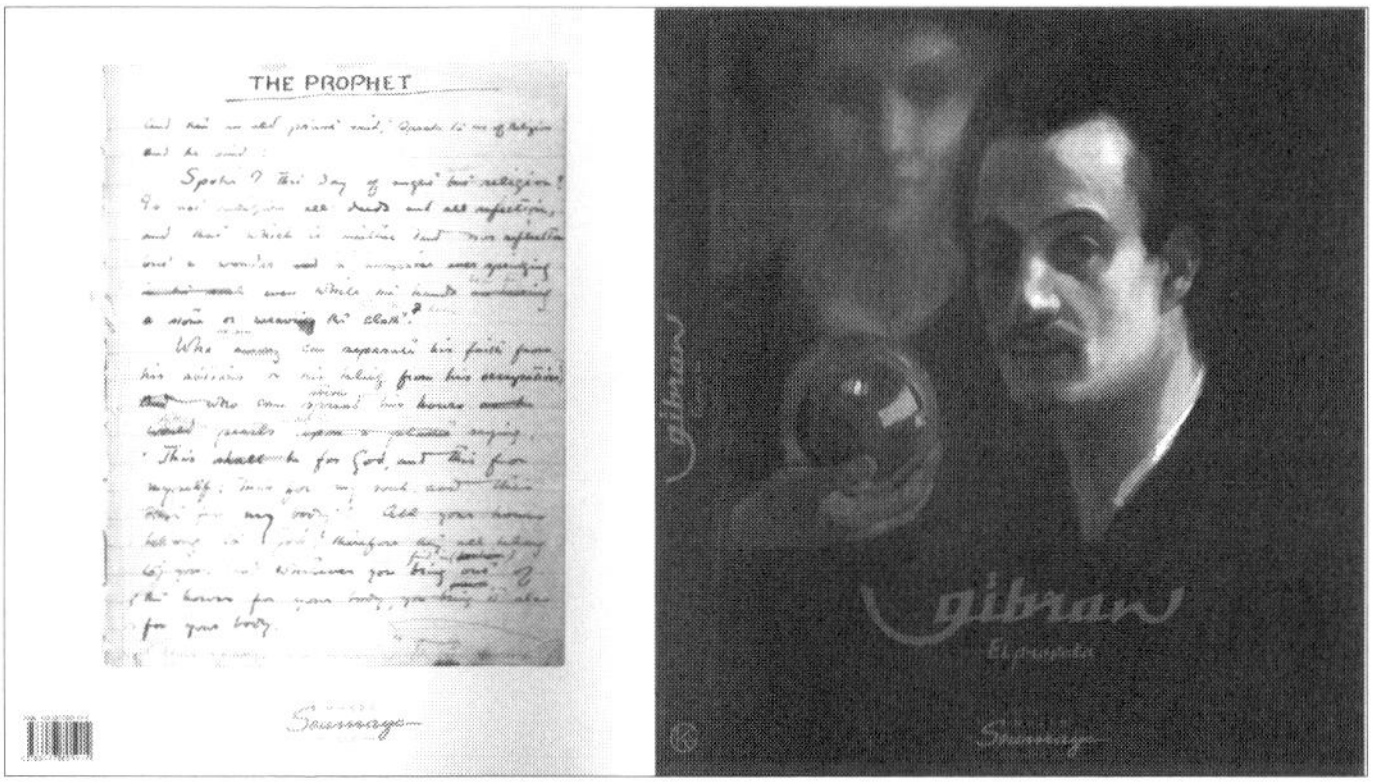

メキシコシティ南部のソウマヤ美術館（旧館）において 2010 年に開かれた「ハリル・ジブラーン展」図録。展示品は手稿、素描、油彩、関係者写真など多岐に亘る。

6 十二使徒のひとり。イエスを裏切ったユダと混同されやすく、それゆえ逆に不遇や無実の罪に泣く者の守護聖人とみなされる。アットウオーター他 一九七八：四一六、鹿島 二〇一六：三六〇 - 三六一。

7 *Contenido*, No.559, diciembre de 2009, pp.30-49. 同誌創刊は一九六三年六月。戦後日本においても一時期よく読まれた『リーダーズ・ダイジェスト』の西語版 *Selecciones* のライバル誌として普及。

8 Aguirre Arvizu 2009: 45, 49.

9 一九四〇年メキシコシティ生まれ。両親はレバノン南部ジェジン Jezzine 出身。一九六六年四月二十八日ポランコ区サン・アグスティン教会にてソウマヤ・ドミ＝ジェマイエルと挙式。新郎同様メキシコシティ生まれの新婦はベシャレ Becharre 出身移民一世にして製靴業・靴販売で成功したアントニオ・ドミ Antonio Domit を父に、レバノンのマロン派政党ファランヘ《アル・カッタエーブ》創設者ピエール・ジェマイエルの姪リリ Lily Gemayel を母にもつ（Osorno 2015: 92, 94-95; Martínez Mendoza 2011: 34）。ピエールの息子バシールとアミンはレバノン大統領の座に就くも、いずれも暗殺される。

10 一九九〇年スリムの経営するカルソ・グループ Grupo Carso がサウス・ウェスタン・ベルやフランス・テレコムと共同でメキシコ電話公社を買収（Martínez Mendoza 2011: 45）、一般的にはこれがスリム財閥誕生を画したとみなされる。二十年後この「民営化」を検証したオソルノは逆に、電話公社案件のおかげでスリムが世界一の富豪になったわけではないとのサリナス元大統領の発言を引き、「民営化」後の電話会社 Telmex で言えばスリムは同社株のわずか五・二パーセントを握るに過ぎなかった（本人によればさらに少なく三・七パーセント程度）、と指摘する（Osorno 2015: 73-77）。一方、スリムの女婿A・エリアス・アユブは義父の成功を「八二年から九五年、メキシコ経済危機の間に多数の企業を買収」し得た先見の明に求め、そのような挙に出たのは「国《メキシコ》を信じているから」だと説く（Relea 2008: 25）。

11　飯島　二〇一〇：二六八。なおスリムは一九七〇年代初頭より旧市街不動産への投資に着手、最初に購入（七〇年八月十九日）したのがコレオ・マヨル通りとグアテマラ通りの交わる角地だった（Martínez Mendoza 2011: 36）。なおスリムの父フリアンも一九二〇年代初頭には既にコレオ・マヨル通りの不動産物件をいくつか入手している（Martínez Mendoza 2010: 37-38）。

12　Ramírez 1994.

13　Jacobs Barquet 2000.

14　Díaz de Kuri y Macluf 1999; Macluf y Díaz de Kuri 2002.

15　Kabchi 1997; Klich & Lesser 1998 など。前者は、一九九二年の「発見五百年」祝賀に向けアル-アンダルス（中東）やセファルディ（ユダヤ世界）を包摂しようとしていたスペインのフェリペ・ゴンサレス政権に近いフェデリコ・マヨル＝サラゴサが当時ユネスコ総局長を務めていた縁による出版かと推測される。

16　Martínez Assad 2007: 68; Tayah Akel 2009: 292. 以下メキシコのマロン派に関する記述は Tayah Akel 2009 に依る。

17　前身のレバノン社中 Sociedad Libanesa から社団法人へと改組され一九五九年二月に発足したレバノン・クラブ Club Centro Libanês de México,D.F. もフロリダ区に地所を購入、メキシコ大統領アドルフォ・ロペス＝マテオス臨席の下、六二年十一月二十一日クラブ落成式を祝った（Jacobs Barquet 2000: 125; Trejo 2012: 37-38）。レバノン独立記念日に合わせ十一月二十一日が選ばれたものと思われる。その前日はメキシコ革命記念日。

18 Tayah Akel 2009: 294. 内戦による出《エクソダス》レバノン現象がマロン派に危機感をもたらしたであろうことは想像に難くない。同書は本国外に居住するマロン派信者数を五百万強と見積もっている（Tayah Akel 2009: 290-291）。

19 Bustani 2009: 221-226.

20 二〇一八年九月、筆者が教会内の売店で尋ねたところ、像の寄贈は十五、六年前との答を得た。

21 一五三一年、先住民フアン・ディエゴの前に聖母が姿を現わす。後年その丘テペヤックに聖堂が建てられ、巡礼者・会衆の増加に伴い収容能力を著しく高めた近代建築の新聖堂が竣工する一九七六年まで主聖堂の役割を果たした。

22 アトチャは現マドリード市内の地名。少年の姿をした聖人は巡礼者の護り手とされてきた。スペインによる征服後メキシコでは鉱山労働者の守護聖人ともなり、サカテカス州を中心に崇められている。

23 Isabel Hernández V., “Exvoto de Pamela y Cipriano, México, D.F., 15 de junio de 2010”, 2011; Viridiana Canseco, “Exvoto de Plácido Cruz, Aguascalientes, 1950”, 2009. 二〇一〇年や一九五〇年は「奇跡」の生起した年を意味する。

24 絵に添えられる詞書にはしばしば綴り間違いが見られる。これらの誤字は庶民の朴訥さを示す仕掛けとして描き手が意図的に散りばめるという。民衆史・民衆芸術の分野において近年エクス・ボトへの評価が高まり、アルフレド・ビルチスのように欧米で認知され個展を開く絵師も登場している。ただし、筆者の手許にある作品集 Vilchis Roque 2003; 2005 に聖チャルベルを描いた例は登場しない。

25 Bustani 2009: 226. またマロン派自前の教会ではないものの、コロンビアの首都ボゴタにはマロン派が「間借り」し、聖チャルベル像および「レバノンの聖母」像を備えるサンタ・クララ教会がある。

26 『クーリエ・ジャポン』二〇一二年十月号 六五頁。同記事の出典は William Booth, "Humble taco is subject of New Research", *Washington Post*, Aug. 3, 2012. さらにそのネタ元は Gustavo Arellano というロサンゼルスの人気コラムニストの言らしい。

参考文献

Aguirre Arvizu, Alejandrina. 2009 "San Charbel, el santo de los desahuciados", *Contenido*, No. 559, dic. 2009, pp. 44-49.

Bustani, José. 2009 *Charbel: taumaturgo del Líbano, 1828-1898*, México, D.F., Eparquía Maronita.

Díaz de Kuri, Martha y Lourdes Macluf eds. 1999 *De Líbano a México: crónica de un pueblo emigrante*, México, D.F., Gráfica, Creatividad y Diseño.

Fernández Defez, Francisco J. 2008 *San Charbel, vida, milagros y oraciones*, México, D.F.,

Selector.

Jacobs Barquet, Patricia. 2000 *Diccionario enciclopédico de mexicanos de origen libanés y de otros pueblos de Levante*, México, D.F., FONCA + Inversora Bursátil-Inbursa + Sanborns, Ediciones del Ermitaño.

Kabchi, Raymundo coord. 1997 *El mundo árabe y América Latina*, Madrid, Ediciones UNESCO + Libertarias.

Klich, Ignacio & Jeffrey Lesser eds. 1998 *Arab and Jewish Immigrants in Latin America: Images and Realities*, London, Frank Coss.

Macluf, Lourdes y Martha Díaz de Kuri eds. 2002 *De Líbano a México: la vida alrededor de la mesa*, México, D.F., Impresos Castellanos.

Martínez Assad, Carlos coord. 2007 *Veracruz, puerto de llegada*, México, Ayuntamiento de Veracruz.

Martínez Mendoza, José. 2010 [2002] *Carlos Slim: retrato inédito*, México, D.F., Océano, nueva edición actualizada.

—— 2011 *Los secretos del hombre más rico del mundo: Carlos Slim*, México, D.F., Océano.

Osorno, Diego Enrique. 2015 *Slim: biografía política del mexicano más rico del mundo*, México, D.F., Penguin Random House.

Peralta Gómez, Rogelio, R.P. 2009 *San Charbel, amigo de dios: vida, devociones y sacramentales*, México, D.F., Diócesis Maronita de México.

Ramírez, Luis Alfonso. 1994　*Secretos de familia: libaneses y élites empresariales en Yucatán,* México, D.F., Consejo Nacional para la Cultura y las Artes.

Relea, Francesc. 2008　“Carlos Slim, liderazgo sin competencia”, en Jorge Zepeda Patterson coord., *Los amos de México,* México, D.F., Editorial Planeta, 2ª ed., 2008, pp. 15-47.

Reyes Spíndola, Patricia. 2015　*La vuelta da muchas vidas*, México, D.F., Diana-Editorial Planeta.

Tayah Akel, Wadih Boutros. 2009　*Los maronitas: raíces e identidad*, México, D.F., Diócesis Maronita de México + Editorial Bet Morún.

Trejo, Raciel. 2012　*Carlos Slim, vida y obra*, Querétaro, Quién es Quién Ediciones.

Vilchis Roque, Alfredo. 2003　*Infinitas Gracias: Contemporary Mexican Votive Painting*, París, Éditions du Seuil / San Francisco, Chronicle Books.

―― 2005　*La Revolución imaginada*, México, D.F., Abrapalabra Editores.

アットウオーター、ドナルド、キャサリン・レイチェル・ジョン　一九七八　『聖人事典』　三交社

飯島みどり　二〇一〇　「ベシンダ――メキシコシティの小宇宙」　吉田伸之・伊藤毅共編『伝統都市 4　分節構造』　東京大学出版会　二六一～二七五頁

鹿島　茂　二〇一六　『聖人366日事典』　東京堂出版

「レバノン人」聖職者から見た「シリア内戦」

ギリシア正教会アンティオキア座アルゼンチン大主教区

Iglesia Católica Apostólica Ortodoxa del Patriarcado de Antioquía, Arquidiócesis de Buenos Aires y toda la Argentina

シルアン・ムウシ府主教 インタビュー

（聞き手＝飯島みどり）

以下に掲げるインタビューは二〇一七年三月、聞き手が現地調査のため滞在中のブエノス・アイレス市において実現した（使用言語はスペイン語）。その時点では雑誌に発表する見通しだったが機を逸し、陽の目を見ずに今日に至った。不本意ながら話題の大半はもはや旧聞に属し、話し手のシルアン・ムウシ府主教（**Metropolita Siluan Muci**）も二〇一八年四月マウント・レバノンの大主教区へと転任されていることをお断わりしておく。

半ばお蔵入りの間に小さな発見があった。本インタビュー前に準備していた「ミゲルとハリル」稿（30頁）に登場するアジズ（アシス）・ムウシなる人物はもしや府主教の御親戚なのではと思い当たったのである。転任渦中の御本人に照会したところ早速故国レバノンはトリポリ在住の父上に尋ねて下さり、父上のおじ上（府主教御本人にとっては大おじ）に当たると判明した。奇遇と言えば奇遇だが、ある意味当然の成行きとも言えよう。鮮度に欠けるインタビューだが、ある一族の軌跡を一冊の書に綴じ込む「めぐり合わせ」に免じて御容赦願いたい。

　興味深いことに、ベネスエラのチャベス大統領が任期中（一九九九〜二〇一三）たびたび中東を訪れる。二〇〇六年八月彼が初めてダマスクスに降り立った際は現地で大歓迎を受けた。その後シリア大統領バシャール・アサドがサッカーW杯さなかの二〇一〇年六月下旬ベネスエラ、キューバ、ブラジル、アルゼンチンを初めて公式訪問し、ラテンアメリカと中東の一部に新たな回路が開かれようとしていた。シリアとアルゼンチンはそれぞれゴラン高原、マルビナス諸島の「脱植民地化」を課題として抱え、国連での連携共闘を図る狙いもあったと噂されている。

　「シリア内戦」が勃発したのはこうした動きと前後してのことである。

シルアン・ムウシ府主教（本人提供）

内戦七年目に突入しトランプの気まぐれミサイルまで撃ち込まれてしまったシリア。日本ではなかなか知られないが地球の裏側にもシリア情勢に心を痛める人々は少なくない。かつて東地中海《レバント》から新大陸《アメリカ》へ渡ったシリア・レバノン系移民（大半はキリスト教徒）の後裔たちである。そのひとりは東方キリスト教の一宗派ギリシャ正教会アンティオキア座（以下、正教会）のアルゼンチン大主教区を率いるシルアン・ムウシ府主教。三月二十八日ブエノス・アイレスの聖ホルへ聖堂[*1]を訪ね、話を聞いた。

＊

――まず御経歴から伺います。

ムウシ（府主教）　レバノン系の父、シリア系の母の長男として一九六七年ベネスエラ北部マラカイ市（首都カラカスから西へ約百三十キロ）に生まれました。父方祖父とその兄弟が第一次大戦中に同国へ渡り、その子供たちの世代の一部はレバノンへ戻ります。私の場合も五歳まではマラカイに育ち、その後一家でレバノンへ。ベイルートのイエズス会系サン・ジョゼフ大学で電子工学を学んだ後、神学を修めるべくギリシャのテッサロニキ・アリストテレス大学へ。勉学を続ける傍ら聖職にも叙されアレッポ、シドニーへ司祭として赴任、二〇〇六年当地の府主教に選ばれ、ベネスエラ、レバノンの両国籍に加え昨年にはアルゼンチン市民権を得ました。

日本とは神学を通じて御縁があります。神学を志した当初、パリの聖セルジュ神学院の課程を履習中に、日本へ布教に赴いた聖ニコライのことを知りました。またパリで電脳分野の職に携わった時期しばしば東アジア映画を観る機会があり、映画を通じて日本の社会や文化に接しました。

――電子工学から聖職へと人生の大転回を決めた動機は何でしょう？

府主教　至極単純。親族には工学者と同じくらい神に仕える者も多く、現在の総主教ユーハンナー十世はいとこです。漠然とながら若い頃から奉仕したいとの気持ちがありました。高校卒業を控え母に相談したら、まずは人生というものを試してみなさいと言われ、十年を工学の勉強とエンジニア職に生きました。しかし二十八歳の時ここで人生を決すべきとの思いに駆られ、職を辞して神学の道へ進みます。パリでの職業経験はアラビア語以外の文献を手近に得て正教会をより良く知る役にも立ちました。あっという間に今の任を与えられるに至ったのは神の導きです。

――アルゼンチン大主教区[*2]の歴史についてお話し下さい。

府主教　一八六〇年レバノン山地からダマスクスにかけキリスト教徒虐殺の波が起き、これを受け域外への脱出が始まります。タルタガル（アルゼンチン北部サルタ州ボリビア国境の町）のシリア・レバノン倶楽部には、最初の同胞移民が一八六九年にボリビアから到着したとの記録があります。

――ボリビア経由とは⁉

府主教　不思議でしょう。彼らはいずれ故郷へ戻るつもりでしたが徐々に定着し、十九世紀末から二十世紀初めにはさらに同胞が増え、教会の組織化も必要となり、まずは親戚の伝手をたどり聖職者を呼び寄せる。初めて会堂ができたのは一九一四年、内陸のサンティアゴ・デ・エステロでのこと。首都に我々の教会ができるのは一九二三年。なぜかというと首都の正教徒はみなロシア正教会に集っており、その会堂建立に際してはアラブ系信徒も寄進しました。当時は出身により教会を分ける発想はなく、みなひとところに集ったものです。

ところがロシア革命が起こり、ロシア系信徒の間に亀裂が入る。ちなみに第二次大戦後、彼らはさらに反独派と親独派に割れます。オスマン朝下を逃れてきた我々の信徒団はほかに後ろ盾もなくツァーリを頼るきらいがあったが、ここへきてその権威は瓦解。そこで一九二三年、首都中心部に聖堂と移民子弟用の学校を建てたものの、今度は大恐慌により手放さざるを得ず、四六年に現在の聖堂を開きます。移民同胞がこの地区に住みついていましたので。コルドバの教会は一九二六年。トゥクマンやサルタでは会堂建設は遅れますが教区創立が一九一四年のため、既に百周年を祝いました。他の教区も概ね七十五年以上の歴史を持ちます。各教区への常在司祭配置にはベイルート生まれのイグナシオ・アブルスという聖職者が尽力しました。首都から司祭が時折巡回するだけでは教区ごとの事業を進められない。常在司祭がいてこそ計画を立てられ、募金集めや会堂建設につなげられる。もちろん正教徒たちは各地でシリア‐レバノ

BOLIVIA
TARTAGAL
PARAGUAY
BRASIL
SALTA
SAN MIGUEL
DE TUCUMAN
SANTIAGO
DEL ESTERO
CORDOBA
SAN LUIS
URUGUAY
BUENOS AIRES
(太平洋)
CHILE
ARGENTINA
アルゼンチン
(大西洋)
ISLAS MALVINAS
0
600km
*各種地図を基に作成

ン倶楽部の設立発展にも貢献してきました。

――現地社会への適応も進んでいったと思われますが、今も信徒の核はシリア‐レバノン系と言えるのでしょうか？

府主教　教区によりけりですが、ここ三十年ほどアルゼンチン人信徒が目立ってきました。まず、一九七〇年代以降シリア‐レバノン移民は南米を目指さなくなり、新規移入者はごく僅か。第二に定着者は故郷との連絡を失ってゆく。アラビア語のできない世代が大半を占め、かつてのように親戚からの手紙を訳して読んでやったり返事を代書したりする層は先細りし、手紙をやりとりしようにもできなくなる。漸くここ十五年ほど、親の故郷の村を訪ね従兄弟たちと交流する旅に出る者が登場する。アルゼンチン人の信徒は個人的な動機で教会にやってきます。それと、適応が進んだ結果、子弟をカトリックの学校へやる親が多いことも挙げておかねば。信徒団の側も社会に開かれた結果です。

今日では教理指導や青年会、婦人会を牽引するのは新しい信徒たち。シリア‐レバノン系信徒たちは商才に長けていることもあって施設や教会財産の切り盛りを担うことが多い。彼らの祖父母世代が会堂建設に着手したので「自分たちも」という気になれるのかもしれません。

――二〇一〇年以降こちらのミサ（xl頁 写真34）に時折お邪魔してきました。近年、会衆同士の会話にアラビア語[*3]が増えたように思えるのは錯覚でしょうか。

府主教　シリア紛争の深刻化に伴いアルゼンチン政府はシリア人向け人道ビザの発給[*4]に踏み切

りました。当初は当国在住の親戚のみに限られていた保証人資格がアルゼンチン人一般にも広げられ、さらに法人格を持つNGOによる呼び寄せも可能になった。そこで今やサン・ルイス州が保証人となり州としてシリア難民受入れに動いています。確かにこの六年、首都のみならず内陸にも難民が到着し、全員ではないが教会を頼ってきた人々とは私も個別面談し、話を聞きました。移民局、学校、病院、すべてに通訳が要り、レバノン留学経験のあるガブリエル司祭と私もしばしば手伝いに出向きました。一時期彼は難民親子と学校の橋渡しのため父母会にも日参していました。言語習得は第一の課題なのでここ聖ホルへ聖堂でもスペイン語教室を開き、初めは先生を雇ったものの資金不足から暫く私が代行し、その後ガブリエル司祭が担当しました。

――生徒数はどれほど？

府主教　同司祭によれば九十名ほどを数えます。彼らの仕事の都合に応じ、昼だったり夜だったり週末に開いたり。アルゼンチン人保証人体制の稼働した昨年来、我々の教会を頼ってくる例は減ったが、ブエノス・アイレス州内の最貧地区に一家族が滞在中とつい最近になって判明し、連絡を取ろうとしているところです。スペイン語を覚えて職を見つけるのは容易ではないから、故郷の状況が若干好転した隙に戻った人たちもいますよ。

新入の若い会衆はシリアからの若者が多い。アラビア語が聞こえるというのも頷けるし、昨年の教理指導はもっぱら難民の子供たち向けとなり、目立った変化と言えます。そこでミサにもアラビア語を援用する回が増えました。幸い、アルゼンチン出身でも我々の聖職者はレバノンのバラマンド大学に留学しアラビア語ができる。これは大きな助けですね。

――若者を支えるのは大事ですね。

府主教　若者に限らず誰でも。アラビア語から離れた親戚とも意思疎通でき、彼ら同士で問題解決を図れる方が良い。アラビア語の公式通訳は一人しかおらず、その人頼みでは費用もかさむ。シリア大使館に代わり私が公文書翻訳を手がけたこともあります。移民局、外務省、労働省、内務省などから成る「シリア調整会議」に参加し、昨年政府が難民三千名、のち五千名の受入れを決めるに際しては外相、文化相、移民局副局長、外務省人道支援機関の長たちと直接話し合いました。とはいえ政府は入国と居住とに便宜を図るだけ。それから先の問題を解決するにはあらゆる扉を叩かないと。

――先週当地で偶然出会ったシリア人女性は二年半かかってアルゼンチン旅券を取得、これで欧州経由の便に乗れ、親族訪問ができると大喜びでした。

府主教　到着ひと月ほどで二年間の居住許可[*5]が下りる。居住二年の実績をもって市民権を申請でき、手続に七、八カ月かかるがだいたい三年以内には旅券に手が届きます。ここまでしてくれるのはアルゼンチンだけ。旅券さえ入手できれば第三国へ移るのも容易だし欧州始めどこへでも行ける。目下シリア旅券ではろくに動けない。ただ、職を得るには課題が多いです。

――シリアの現状をどうご覧になっていますか。

府主教　依然ひどく混み入っている。最近もダマスクスやハマが爆撃され、正教徒の脱出も続いています。既に難民多数を抱える地区にさらに押し寄せているのが現実で、いい加減に対話のテーブルに着き話し合いで出口を見つけるべきとき。テロと闘うと称する勢力同士も競合関係にあり、大きくはロシアと親露派、米国と親米派の二陣営だが、それぞれ政治的・地政学的思惑はバラバラ。従って大ボス、小ボス、さらにその取引先をも糾合する合意が必要。その気運は見えない。先行き不明のためアレッポが解放されたといっても再建には取りかかれない。住民は水道から食糧から燃料から電気から、あらゆる欠乏に苦しんでいる。

我々は人々に留《とど》まってほしい。国際的な支援も人々がその地に留まる助けとなってほしい。とりわけキリスト教徒の立場からは、イエスや使徒の生誕の地がキリスト教徒の空白地帯となることは避けたい。残念ながらこの戦争はシリア人の手を遠く離れてしまった。戦闘員の国籍は実に八十七カ国に跨るとか。中国や旧ソ連のムスリム地域から多くが流れ込み、こうした「テロリスト」たちをシリアに釘づけにすることがロシアや中国の関心事となっています。

――つまり「問題分子」を追い払う機会にシリアが利用されていると？

府主教　「世界のクズをシリアへ送れ」と唱える勢力があるらしい。あっちで死んでくれたら好都合ということですね。ところが問題は欧州その他に飛び火した。イラン政府やヒズボラを潰そうとイスラム国を助長する動きも火に油を注いだだけ。アルカイダの例からも、世界の平和はそんな形では達成されないことがわかります。人間の強欲、これと向き合わないことには。

強欲のせいで皆殺しにされてしまう民があり、貧困対策や教育に回せば世界の諸問題を解決できるほどの大金が武器に費やされている。戦争を煽った勢力がさっさと人道援助に鞍替えし、再建事業を手がける。破壊と再建を繰り返し自動的に回ってゆくビジネスモデルの裏には、それで利益を得る者たちとその犠牲になる無辜の民とがいる。

――まさしく強欲と闘うのが宗教の務めでもありますが……。

府主教　正教会本部[*6]はイラク戦争時に難民支援の部局を発足させており、その経験が役立ちました。当地からは義捐金を送ったほか、言葉による連帯、信仰と忍耐とを励まし孤独を慰める力になれる言葉をSNSを通じ書き送ることも心がけています。当地で作成した二〇一七年の教会暦は昨年に続き中東のキリスト教徒の言行に紙数を割きました。アレッポの我々の大聖堂を飾る十八世紀の聖画《イコン》を毎月配し、暗い時代にこれほどの美を表現できた人々を思いやる。テレビで凄惨な場面を見せられた信徒たちが彼地にある人々の勇気にも思いを馳せられるように。こちらとあちら、現在と過去の双方向の絆を培い合えるように。兄弟の苦しみを忘れないように。カレンダーは強欲と闘う一手段です。教会の行事のたび常にスペイン語とアラビア語とでメッセージも発します。昨年のアルゼンチン独立二百周年に寄せては総主教がマクリ大統領に書簡を送り、そこでもシリア情勢に触れるなど、あらゆる機会を利用し人々の意識がシリアから遠のかないよう努めています。こうして日本の人々に向けてお話しできるのも大変有難いことです。

――確か貴教会の高位聖職者も拉致されたままですね。

府主教　二〇一三年四月二十二日、アレッポ大主教ブロス師がシリア正教の大主教とともに拉致されました。[*7] ブロス師は総主教の弟、つまりやはり私のいとこに当たります。安否は全く不明。それぞれ国外にもよく知られシリア危機を体現する存在だけに、二人を取り巻く沈黙そのものが状況を如実に象徴し、彼らについて語り続けることが個人を越えて重要なのです。残念ながら手がかりゼロです。

――どの勢力も名乗りを上げていない？

府主教　どこからも。極めて意味深長な沈黙です。金目当ての「情報提供」はあったし、シリア政府とロシアとの話し合いが進めば何か掴めるかと期待しましたが……。そこで今なら復活祭前の断食、先週は教理指導者との瞑想合宿など、教会の催しのたびブロス師の言葉をスペイン語訳し皆で読みます。私自身が五言語（アラビア語、ギリシャ語、英・仏・西語）でSNSに発信する際も師の言を引用します。引用することで希望を伝えたい。彼の不在を常に目の前に置き、現在の指針としたい。逆境を真の意味での成長の契機にしたい。今の世の中、少しでも気を許せば流される。その圧力に抗し、もうすべて終わりと見える時なお諦めず進む力を蓄えるための言葉。そうした言葉を伝えることで私自身も励まされます。

――ことばを伝えるのは聖職者と翻訳者の共通点かもしれません。さて一年ほど前、アルゼンチン出身のフランシスコ教皇とロシア正教のキリル総主教がハバナで歴史的会見[*8]に臨みました。そのご感想を。

府主教　まさに両者の会談のさなか私自身ロシア・メディアの取材を受けました。我々にとっては素晴らしい出来事、なぜって東西教会の再会という歴史的な事件が北ではなく我々のこの、ラテンアメリカという辺境で達成されたから（笑）。えっ、ラテンアメリカってどこ？（笑）我々《ラテンアメリカ》にとり意義は甚だ大きい。キリル総主教はサンパウロの我々の聖堂でミサを司式され、そこに私も出席しました。

しかもシリア情勢、中東のキリスト教徒、難民が会談の核心にあり、ともに考えるべき議題と確認された。その真っ只中に我々がいます。我々はキリスト教徒だからではなく人として人を守るために力を合わせられる。己れが心安ければ隣人とも安寧の裡に生きられる。中東のキリスト教徒は自分たちのためにのみ平和を欲しているのではない。ゲットーに生きたいわけではないのです。他者と敵対し他者の上に立つ他者抜きの平和は要らない。だからこそ皆で交渉のテーブルに着き皆で解決を見つけ出さないと。時に世界はキリスト教徒の状況を口実に使いたがる。我々はそのゲームには乗りたくない。その手の「支援」は欲しくない。これ以上武器や「テロリスト」が流れ込まないように力を貸してほしいのです。

民主主義や人権を求めるのに戦争をお膳立てしたり「建設のための破壊」を課すには及ばない。アフガニスタンやイラクでの経験がそれを教えているし、王政を民主主義扱いしているのも二重基準としか見えません。我々は上から下まで全ての人間にとっての平和と正義を求めます。

＊註

1　パレルモ地区のややはずれに位置する同聖堂はダマスコ菓子店、アルメニア菓子店と隣り合い、ほぼ斜向かいにはギリシア・カトリック（メルキト派）礼拝堂、また二本先のその名も「アルメニア通り」にはアルメニア正教会の聖グレゴリオ聖堂が居並ぶ。なおギリシア正教会、ギリシア・カトリックとも日本語では「ギリシア」を冠するが、十九世紀に成立した現ギリシア国家への対応物たる「民族教会」ではない点に注意されたい。詳細は黒木英充編著『シリア・レバノンを知るための64章』（明石書店　二〇一三）一四五〜一五〇頁を参照。

2　二〇一四年に公刊された正教会の資料によれば現信徒数（推計）はレバノンとシリアに百三十万、ラテンアメリカにはその四倍を擁す。またアルゼンチンのアラブ系人口は約三百万、正教徒数は百万と見積もられている。*Serán mis testigos: 1914-2014 homenaje a los 100 años de la fundación de la parroquia Asunción de María Santísima, Tucumán*, San Miguel de Tucumán, 2014, pp.44-46.　後段の「ボリビア経由」はブラジル到着組がアマゾンからボリビアへ、さらにアルゼンチンへ流れた可能性もある。

3　筆者が並行して通う正教会メキシコ大主教区の聖ホルへ聖堂（メキシコシティ中部ローマ区）では主日ミサの詠唱にアラビア語が聞こえることもある。これは長老格の信徒一世（シリア出身）が出席している日に限られた。

4　二〇一四年十月発効。二〇一六年十月中旬までのビザ申請数は五〇二件。シリア在住で国連パレスティナ難民救済事業機関ＵＮＲＷＡの保護下にあったパレスティナ難民も対象となる。

www.migraciones.gov.ar>programasiria 参照。

5　一年の延長可。

6　歴史的にはアンティオキア（現トルコ領）を主座とするが十四世紀半ばダマスクスに本部を移す。

7　その二カ月前に拉致された司祭二名（アルメニア・カトリックおよび正教会）の救出に向かうべく両大主教はトルコからシリアへ入った。運転手として同行していた人物は殺害された。

8　一〇五四年に東西教会が大分裂《シスマ》して以来の会談を経て、二〇一六年二月十二日、三十項目から成る共同宣言が発表された。東西教会の接触こそこれまで皆無だったわけではないが、会談がラテンアメリカの地に設定されたこと自体を重視したい。キリル総主教はフィデル・カストロとも面会。

*
*

●短編小説

最後のトルコ・コーヒー　El último café turco

エドゥアルド・ハルフォン
飯島みどり 訳

祖父母はお城《パラシオ》に住んでいた。少なくともぼくにとってはお城だった。周囲の語り草では、一九四〇年代中ごろメヒコへの長旅に出た折、祖父は一軒の邸宅に惚れ込み、その後当の同じメヒコ人建築家を、当の同じ青焼き設計図を小脇に抱えさせたままグアテマラへ引っぱってきて、買ったばかりのレフォルマ大通り沿いの広大な地所にそっくり同じ家を、自分用に造らせたと。さてどこまで本当の話やら。おそらく本当ではない、あるいはそれほど本当とは言えまい。でも真偽のほどは大した問題じゃない。家という家にはその家ならではの物語がつきもの、それに家という家はどんな家であれ、誰かにとっては城なわけだから。

僕の記憶にはないが、ぼくは生後九日目にして、つまり記憶にないのも当然だが、祖父母の家を知った。それはとある日曜のこと、なぜ日曜とわかるかといえば母がいまだに取ってあるからだ、空色の細リボンのついた白いカードを、そしてカードは紛うかたなく告知する、来る八月二十九日の日曜日に開かれる、千客万来のぼくの割礼式を。そればかりか母の手許には無声の八ミリ映画もあり、メレンゲみたいな滑稽そのもののおべべにくるまれたぼく、祖父の腕に抱かれて金切り声を上げているぼく、ラビのひんやりした両手に裸にされるや小便小僧にしてはか弱い放水に突如及ぶぼくがしっかり録画されている。

いや、家の話をしているんだった。僕がしたいのは祖父母の家の話。あの家に漂う香りを描写し切れるものなら。大そう寸足らずだが気の強いアラセリという名の女中さんが毎朝家じゅう隅から隅まで——玄関からそのまま続くとんでもなく広いホール、居間が三つ、食堂が二つ、書斎も二つ、ビリヤード室、そして二階には寝室が六部屋——、ユーカリの葉を焚く香炉を手に提げてへめぐるのだった。弟とぼくとは、ぼくらと背丈の違わない、何かといえばすぐ大声で叫ぶ性質《たち》、髪は白く着るものは黒ばかり、白煙の雲に包まれて浮かんでいる幽霊みたいに見える、そのおばあちゃんが怖かった。ともあれ日々したたかユーカリ香を焚きしめられた効果のほどというもの、ユーカリの煙が四方八方の壁から木の床板から、祖父がベイルートから携行品として持ち帰ったペルシア絨毯のそれぞれにしみ渡ってきた何十年分かの効果のほどを、今ここに描き尽くすことなど僕には不可能だ。そもそもそれで言い尽くされるわけではない。大いに不足だ。家はユーカリに匂っていたばかりではない。その芳香はもっとずっと入り組んだ、もっとずっとうっとりするような、ひょっとすると厨房から湧いてくる香りの精やスパイスの精たちまでもが流れ込んでいるものだった。かの厨房には料理番のベルタがいつも陣取っていたが、エジプト出の祖母はグアテマラ料理のレストラン（「偉大なる七面鳥《エル・グラン・パボ》」）からかっさらってきた彼女に後年アラブ料理とユダヤ《イスラエリ》料理の至芸を直々仕込んでいた（ちなみに、もちろん両者の間に違いはあるはずなのだが、ぼく自身には幸運にもついぞその違いなるものがわからなかった）。かの厨房ではファラフェルやキベを揚げるのだった。ベーグルを、ピタパンを、チーズ入り、ほうれん草入り、はたまた茄子入りのアラブ式パイ《サンブセク》を焼き上げる場所だった。ムジャッダラー（祖父に言わせればジャッダラー）――米とレンズ豆を炊き合わせ、ヨーグルトソースやきゅうりの輪切り、香草を添えて供される絶品――をこしらえる場所だった。ヤプラク――葡萄の葉を巻いて米に仔牛肉に松の実そしてタマリンドを詰めたもの――をこしらえたものだ。何か特別とっておきの宴にはハミンと呼ばれるセファルディ伝承の煮込み、それこそ延々（二十四時間）とろ火にかける料理も支度した。新鮮なヨーグルト、チーズやマーマレードも各種手づくり。いつでも切らすことのないのはアニス入りのちっちゃなリングパンを詰めた筒、菱形バクラバの入った缶、オリーブ（黒と紫と緑のやつ）を入れたばかでかい木樽が何本も、これは祖父がレバノンから輸入していた。さはさりながらベルタはそこ、その厨房を舞台に自らの根っこであるグアテマラにも回帰し、肉の線維までくたくたに煮込んだイラチャや鶏肉入りホコン、タマル、野菜たっぷりのペピアン、カキク、さらには腹もちのよさでは目を見張りたくなるほど濃いとうもろこしのアトルをこしらえた。そこではまた夜な夜な小さな銅の杓《ひさご》にベルタが祖父の飲むコーヒーを、炒《い》ったカルダモモの実入りのトルコ・コーヒーを支度するのだったが、なにぶんトルコ・コーヒーの一杯を口にしなければ祖父は眠りにつけなかったのである。

　トルコ・コーヒーについての祖父の口癖は――地獄のように黒く、死のように強烈、愛のように甘い。

　祖父はといえば、食卓の家長席にかけ、銅の杓を手に、心もち小指を上げ（その指に煌めく三カラットの指輪）、飲みたがっているかどうかなどお構いなく全員に一杯ずつトルコ・コーヒーを振舞う、その姿を僕は思い出す。コーヒーが泡立っていないものならアラビア語の怒声を上げていた、その姿を僕は思い出す。行儀はそっちのけ、勇んでコーヒーをすするその姿を僕は思い出す。僕は思い出す、祖父母の家でのトルコ・コーヒーをただのコーヒーと思ったら大間違い――それはひとつの儀式、お開き《カデンツァ》を迎える前の山場、気まぐれ、妖術、甘くもあり苦くもある物事に打たれる終止符、その最たる最後の回は、アルゼンチン住まいの従姉ベレニセの来訪と重なったことを。

＊

――この子がおまえの従姉ベレニセだよ。

ぼくは玄関ホールの絨毯の上に踏んばり、祖母がポーカーに使うチップを柱のように積んでいた。ぼくのまっすぐ頭上には祖父母の大切な豪華絢爛枝付き燭台がまばゆい光を放っており、ダイヤモンド製とぼくがずっと信じていたその燭台を掃除するには滑車だのクランクだのややこしい装置一式を要するのだった。夜だった。ぼくはパジャマにスリッパという格好だったのでばつが悪かった。

――さあて子供たち、お互いこんにちはして――と、大人たちはぼくらだけを置いて行ってしまった。

ぼくは力んでチップを載せた。赤の柱が崩れ落ちた。

――ぜんぶおんなじ一色なの？

ベレニセはぼくの目の前に座った。彼女の口の、門歯が二、三本あるはずのところには黒々とした穴があった。髪はこれまでぼくの見たこともない光り方をしていた――ほとんど銀めっきをかぶせたかのよう。薔薇色の薄手の服をまとっていた。両膝とも引っかき傷だらけだった。

――ねえってば、塔ってみんなおんなじ一色でなきゃいけないの？

――さあね――ぼくはぼそぼそっと押し出した。

たちまち上下関係《ヒエラルキー》が樹立された。ぼくはまだ歯の一本も抜けていなかった。

――いろんな色混ぜた方がきれいなのに。

大人たちが居間で酒をお供のお喋りに興じるのをよそに、ぼくらの上には二階から、喘ぐような唸るような音が降ってくるように思えた。

——あれなに？　——そうぼくに問う彼女の額には皺が寄り、目は階上に向いていた。

——あれねえ——ぼくは言った——あれはおじいちゃんだよ。

＊

ベレニセは両親ともどもブエノス・アイレスからノノを訪ねにやって来ていた。

祖母の姉婿のひとりをうちではそう呼んでいた。ノノと。どうしてかといえばたぶんフランス人だったから、もしくはいつもフランス語を話す人だったから。[*1]彼について僕が思い出せることは三つだけ。ひとつ——とっても親切、とっても優しいおじいちゃん、そしてカウボーイ映画教徒と呼べるほど、そのジャンルにかけては決して見逃さなかったこと。ふたつ——祖母の姉と結婚したての身で独軍占領数日前のパリから逃げ出したのだが、新婚の二人はヴォージラールに買ったアパルトマンをまっさらのまま、家具もそのまま置き去りにし、結局そのアパルトマンを取られてしまったこと。みっつ——祖父母宅の二階回廊に置かれた白い簡易ベッドにその憔悴し切った姿を突如現わしたこと。

御老体がなにゆえ祖父母宅へ越してきたのか、はたまた空き部屋が六つもありながらなにゆえわざわざ剝《む》き出しの回廊に落ち着き先を定めたのか、ついぞぼくにはわからなかった。ただただ突如そこに姿を現わしたのだ――病は重く、ひどく弱って、いつも付き添いの看護婦をひとり従え、いつもクリーム色の寝巻き姿、口からはつじつまの合わないあれこれが呟かれ、二階回廊部の奥――三枚の大窓の前――に置かれた例の白い簡易ベッド上に仰向けに伸びていたノノ、ちなみに回廊は二階部分をぐるりとへめぐり、鉄の欄干が玄関に続くたっぷりしたホールを見下ろすようにできていた。

以来、親族たちがよその国から彼を見舞いに訪れ始めた。以来、ノノの喘ぎ唸りが止むことなき嵐のごとく家じゅうに響き渡るようになった。

＊

――こういうふうにする方がきれいじゃない――こともなげに呟いた。

ベレニセの長い指はぼくの円柱、青の、黒の、黄色の円柱をみるみる解体し、それから改めてポーカーのチップを組み合わせ、平然と指さばきも巧みに円柱を積んでいった。見たところ没頭しているふう。彼女の笑みがつくる黒い穴からは舌がほんのちろり覗いた。

――何あたしのこと見てんの、あんた《ボス》？

――なんにも。

――なんにもってことないでしょ。

――ぼく何も見てない。

――なんか見てるくせに。

ぼくは口を噤んだまま、片やベレニセはゆっくりと、注意深く、チップ積みを続けた。

――あとでさあ――と彼女は言った――あたしのおしり見せてあげる。

＊

祖父母宅の階段は近寄り難い貫禄を湛えていた。いや少なくとも僕の思い出す限りはそうだった。

――二段のぼって、こんどは一段おりて。そうそう。

片方が階段を昇りかけ、赤ワイン色の絨毯を踏む、途中に控える踊り場のところまで。

――そしたらあんた、ここで休み。

言われた通りぼくのとどまる踊り場は、そこから階段が二手に分かれ、そこで人は左へ昇るか右へ昇るか、つまり左側に並ぶ三寝室それとも右側の三寝室を目指すのか決断を迫られる（といっても、たっぷりした回廊はひと続きのまま二階全体をぐるりと囲んでいるのだが）。

――じゃこんどは下にもぐって。

踊り場のそこには杉造りの小卓があり、その上に薔薇の生花やブロンズの秤、額入りの写真が飾られていた――ひょっとして、とぼくは仮定したものだ、右か左か決めあぐね、踊り場でしばし休みたくなる人もいるんじゃなかろうか。

――なにこれ気味わるいの。

杉造りの小卓から仰ぎ見る、壁のかなり高い位置に、いななく二頭の馬を象った鋼鉄製のレリーフが架かっていた――それは祖父がハイボールのグラスから失敬したデザインだった。

――あたしもあんたとここに隠れちゃお。

二人となるとぼくらは杉の小卓の下には収まり切らなかったが、そんなことはどうでもよかった。

――三つまで数えたら――ベレニセが言った――あんたは右へ行って、あたしは左へ行くから、それで先に昇りついてノノに触った方が勝ち。いい?

――ふうん《アハ》。

彼女は三つまで数えた。ぼくは彼女に勝ちを譲った。間違ってもノノに触りたいとは思わなかった。

＊

ぼくら子供たちは賄い部屋《パントリー》の子供用食卓で、大人たちはすぐ隣に続く食堂で夕食を摂っていた。時折ベルタは厨房から揚げたてキベのお盆、ざく切りレモンや芝麻醤《タヒーナ》の追加分にオルチャタかシナモン水のお代わりを水差しごと運んできた。ベレニセは弟をとっくにいつもの席から退《の》かせてぼくの隣に座り、ブエノス・アイレスの女友だちの話、ブエノス・アイレスの自宅アパートメントの話、ブエノス・アイレスで飼っている二匹の愛猫の話など引きもきらず喋り聞かせた。デザートの段になると父がパントリーに顔を出し、サロモンおじさんがコーヒー占いを始めるから早く食堂へ来るようにと子供たちに告げた。

――うらないって？　――ベレニセは尋ねざま、ぎゅっとぼくの前腕《うで》をつかみ、一方いとこ軍団は誰も彼も椅子を押しのけきゃあきゃあ言いながら食堂へ駆けていった。

――トルコ・コーヒーのだよ――ぼくは答えた。

――でもそれでどうやってうらなうの？

ベレニセは座ったまま、なおもぼくの前腕を押さえていた。

ぼくは彼女に説明してやった、まず誰かがトルコ・コーヒーを一杯のむでしょ、そのあとサロモンおじさんがカップを手にしてコーヒーかすがどんなふうに底に残るかじっくり見るでしょ、それでその人がこれからどうなるのか言ってやるんだよ。

――うそばっか――言うなり手を離した。

――本当だもん。

ベレニセはそれまで以上に両目を見開いた。

――で、あんたにもうらなってくれたの？

――大人じゃないとうらなえないんだって。

――あたしもコーヒーでうらなってほしいな――彼女は声の調子を上げた。

――おっきくなきゃだめだよ。

――もうすぐだもん。

さっさと立ち上がったベレニセは急ぎ足で食堂へ向かい、ぼくも彼女の後を追った――もちろんサロモンおじさんとトルコ・コーヒーのショーは二の次、彼女が行くからぼくも行ったのだ。

＊

サロモンおじさんというのは別にぼくの実のおじではなく、祖母のいとこに当たる人だった。まあしかし一族にとっては同じこと、みな彼のことをサロモンおじさんと呼んでいた。長身の、すらりとした老人は髪の薄さなどほとんど見てとれず、気難しげな声と空色の瞳とベドウィン色の肌の主だった。身だしなみにはいつも非の打ちどころなし――背広にネクタイ、黄金のカフス、新品かと思えるほどぴかぴかの革靴《モカシン》を履いていた。バックギャモン（アラビア語ではタウレとかシェシュ・ベシュなどと呼ぶ）で祖父にいつだって勝てていたのは彼ひとり、二人は螺鈿と真珠の嵌まる美しい盤上に勝負するのだが、その遊戯盤は祖父が一九二〇年代にダマスクスから持ち帰ったもので、入れ子になった箱の巨大なひと揃いのように、開けるとどんどん外に広げられる仕組みだった。親指を半分にしてしまうことのできたサロモンおじさん。口を閉じたまま口笛の吹けた人。ぼくの耳から小さな硬貨を取り出したり、ぼくの鼻から煙草を取り出したりできた人。他の大人たちには内緒でぼくにトランプをくれ、カードの背柄を使ってぼくに初めて女性の裸体というものへの手ほどきをしてくれた人。なぜだかわからないが、あるいはひょっとすると均衡とか対称を重んじる感覚が働いたせいなのか、おじさんとその弟との結婚した相手も姉妹だったというのがぼくは気に入っていた。

——もうすっかり飲み切ったかい？　——おじさんは訊いた。

ベレニセのお母さんは唇を拭い、後ろ髪を引かれるかの渋い顔を見せた上ではい確かにすっかり、と答えた。

——そしたら受け皿でカップに蓋をして、ただし逆さまに、裏返して。

食堂には子供も大人もぎっしり。ぼくを含め大半は、サロモンおじさんににじり寄って立っていた。

——よろしい。ではカップと受け皿を持ち上げる、ゆっくり、気をつけて、全体を左回りに三回まわして。つまり時計の針と反対回りに。

短い沈黙。ベレニセのお母さんは引き攣った笑みを浮かべ大きな声で勘定しながらカップを三回転させた。二階の簡易ベッドからノノまでもが身を乗り出した。

——よしよし——とサロモンおじさん——それでは気を抜かないで、カップを右手でしっかり支えたまま、左手を受け皿の上に添える。そうそう。じゃあ次はひと息に、さっと、丸ごと一気に引っくり返して。

――丸ごと引っくり返すって？　カップも受け皿も一緒に？

――その通り、一緒に。カップが下向きにお皿に乗るかっこうだ。何か落っことしたり、たらしたりしないこと、いいかな？

――はいはい――と、ひと息ためてからベレニセのお母さんはカップと受け皿とをみごと上下逆さまに、そして何もたれてはこなかった。

誰かが拍手した。

――よくできた、いい子だね。じゃあテーブルの上に置いていいよ――サロモンおじさんはそう声にすると、落ち着き払ってシャモア革の上着の内ポケットから煙草の白い箱を取り出した――さあて一服だ、違うかね？　コーヒーかすが乾いて固まってこちらに何か言ってくれるようになるまで待たないと。

＊

彼らの足音。それが先だった。食堂の敷居に居並ぶ彼らの姿を目にするのにはるか先んじて、ぼくらは木の床板に響く彼らの足音を耳にした。強面と髭面がカーキ緑の軍服をぴたりと帯びていた。＊2

――この家《や》の主人《あるじ》は？　――軍人たちのひとりが告げる台詞は問いというより召喚命令に聞こえた。

ベルの鳴るのを聞いた者は誰もいなかったし扉を開けに表玄関の方へと食堂を横切るアラセリの姿を見た者も誰もいなかった、今考えてもそう思う。

祖父が立ち上がった。彼らの方へ歩み寄った。僕の思い出せる限りでは、互いに挨拶らしきものはなく、握手もしなかった。先ほど口を開いた軍人がくるりと背を向け、食堂から祖父を従えて出ていった。間もなく書斎の扉が軋み音を立てつつ閉まった。

軍人のひとりはアラセリの後を厨房へと、また別の二人は玄関ホールと表玄関を見張りに、残る二人はさっきの場所で、黙ってぼくらを観察していた。

パパが立ち上がりかけた。

――そこにかけていた方が利口というものですぞ、貴殿――彼らのひとりが言った。

――その、書斎で何か入り用のものがあればと思いまして。

――かけていたまえ、と言ったはずだが、こちらの言うことが聞こえなかったかね――片手がリボルバーにかかった――入り用のものなぞないね。

外に、裏庭に誰かがいた。ぼくが身をよじりプールのある庭（隠れて煙草を吸う祖父のお気に入りの居場所）に面する大窓の方を見やると、暗闇のなかに暗闇よりいちだんと暗い人影が、暗い影となった銃を担いで立っているのが見えた。

――将校さんがた何かお飲みになりませんか、コーヒーがいいかしら？　――祖母は控え目に尋ねた、それも沈黙をいくぶんか埋めようとしてのことだが、二人のいずれも反応しなかった。

と突然、厨房で誰かが何かを放り捨てるか割るかの音がした。書斎からぼくらの許へは奇妙な叫びが伝わってきた。二階からは何かを叩く音や喘ぎ唸りが聞き取れた。

——何の騒ぎってんだ？

いったいいつベレニセがぼくの手を摑んだのか、気がつかなかった。

——あれは、上でうちの夫を世話してくれている看護婦です——ノノの奥さんがいささかおろおろした声音で答えた。

軍人は二階の回廊を見上げ、煙草に火をつけた。

——そうだといいですなあ奥さん、それだけだと——煙もろとも言った。

——見てきますわ——彼女は口ごもりつつ言った。

——あんたはどこへも行かないんだよ、奥さん——軍人はそう釘を刺し、連れに何ごとか囁いた、すると囁かれた側は即座に食堂を飛び出し階段を昇り始めたので、ぼくはその男が踊り場にいるところ、踊り場で写真や薔薇の生花やいななく二頭の馬を見学しているさまなど想像した。

——こりゃ何だ？　——そう問う軍人は扉の木枠に打ちつけられたブロンズのミズザをなでくり回した。

おばのひとりが、それはユダヤのお守りで、ミズザといい、中にはトーラーの幾節かを書き記した羊皮紙《ペルガミノ》が丸めて入れてあること、家の扉枠に据えつけ幸運を呼びこむことを願うのだと説明した。

　軍人は拳固でなおもミズザをこつこつと、叩き叩いては奮闘し、まるでミズザを木枠からもぎ取って持ち去りたい、ついでに幸運をも持ち去りたいかの様子だった。

　誰もがその挙に口を開かずにいた。誰もがじっとしていた。大人たちは子供たちをなだめようと、撫でたり小声で話しかけたり、その一方いったい何が生起しつつあるのか、こんな何人もの軍人が祖父に何の用があるのか、大人たちもまた目の前の謎を解読しようとしていたのだ、この期に及んで家じゅうのそこかしこからぼくらの耳に届く闖入者たちの声、その声の主たちは誰なのか。玄関のだだっ広いホールから聞こえてくる声たち。書斎から弱音器をかけたように聞こえてくる声たち。厨房あるいは裏庭からの声たち。僕が憶えているのは、耳なんか聞こえなくなってしまいたい、耳に指を突っ込んでふたをして千々に響く声、声、声を聞かずに済ませてしまいたい、と思ったこと、だって子供ながらにぼくは悟っていたのだから、どうもあの声たちはすっかり縁起がよいわけではなさそうだ、その場に縁もゆかりもない、ユーカリとバクラバと色とりどりのポーカーチップから成るぼくの世界には属さない声だと。すると広大無辺の祖父母の家が途端にあまりにもちっぽけな存在と化した。ぼくはベレニセの手を離した。

　――あれれ、見て――彼女はぼくを肘でつつきながらそっと言った。

サロモンおじさんがコーヒー占いにとりかかっていた。

いつの間にかサロモンおじさんはテーブルに身をかしげ、コーヒーカップと受け皿を手に取り、いよいよ乾いたコーヒーかすが象るさまざまな白地黒地の意味を探究しようというところに来ていた。ぼくらみんながおじさんを、黙って、呆気にとられて注視していた――ただし例の軍人、相変わらず煙草をふかし続け相変わらず食堂の敷居に強面で陣取り、サロモンおじさんが何しているかなど全く見当もつかない例の軍人を除いて。ぼくらみんなが注視するおじさんは、カップをもてあそび受け皿をハンドルのように右へくるりまた左へくるり、かと思うと突然眉を吊り上げあるいはかぶりを振りあるいはひょっとかそけき息をつきあるいは頰をゆるめたのかゆるめないのかどっちつかずの笑みを浮かべさえした。つられてぼくらみんながやはり頰をゆるめたのかゆるめないのかどっちつかずの笑みを浮かべ、いやつまりどっちつかずの笑みでも浮かべたかった、いやつまりはともかくほんのちょっぴり気を落ち着けたというところか。にしてもサロモンおじさんは何も言わなかった。ひたすらひとことも発しなかった。そのときのコーヒーかすに何事を読み取ったのか金輪際話したがらず、なぜあの晩を境に二度とコーヒー占いを受けなくなったのかも金輪際語りたがらなかった。サロモンおじさんはそのときもうすぐノノが亡くなることを看て取ってしまったのだ、親族のある者たちはそう考えた。またある者たちは、ベレニセとその両親が慌ただしくせき立てられるようにブエノス・アイレスへ舞い戻る徴《しるし》を見たのだ、と考えた。あるいはまたそこに、先のことではなく現在の、まさしくその場の反映を見たのだ、軍人たちがよってたかって素性の知れない虫よろしく祖父母の家を徘徊する、そのさまを見てしまったのだと考える者たちもいた。ぼくは頑として、あのコーヒーかす、あのときのコーヒーの斑紋という斑紋に、サロモンおじさんは見てしまったのだ、しょせんお城にもすっかり落城の秋《とき》が来る、その兆しのちらつきを見抜いたに違いない、そう確信を得た。さはさりながら金輪際知る機会はなかった。おじさんは金輪際何も言わなかった。サロモンおじさんはただ、その最後のトルコ・コーヒーの相を読み終え、カップと受け皿とをテーブルに戻し、まるで何事もなかったかのようにまた一本、煙草に火をつけ、半ば笑み、半ば煙を吐き、半ば何かをあざ笑うかのように、ありったけベドウィン顔をするばかりだった。

Eduardo Halfon, *Mañana nunca lo hablamos*, Valencia, Pre-Textos, 2011. 所収

＊註

1　「ノノ」の呼称はイタリア語 nonno（おじいちゃんの意）に由来すると思われ、著者本人と重なる「ぼく」が想起するフランス絡みの逸話とは辻褄の合わないところもあるが、原文のまま訳出。

2　本作品の舞台となっている一九七〇年代中葉のグアテマラ（さらに中米、ラテンアメリカ全般）にあっては軍および極右軍事組織が絶対権力者として君臨しており、この種の強制家宅捜索は決して珍しくない。七〇年代末から八〇年代初頭、軍事政権はグアテマラ高原部で焦土作戦（＝

ゲリラ掃討に名を借りたマヤ系先住民集落の破壊、虐殺）を展開、五十万ともいわれる先住民難民を生むだけでなく、社会運動家や知識人も多数殺され、また亡命した。著者一家も間もなく米国へ脱出する。

『世界』二〇一四年六月号掲載時の付記（インタビューは実際には八月号掲載、本書に再録）

四月十七日、ガブリエル・ガルシア＝マルケスがメキシコシティの自宅に息を引き取った。政治に肉薄し続ける記録者、凄絶なるラテンアメリカの現実を前にシニスムをもペーソスをもユーモアをも凌駕する現実の料理法＝いわゆる魔術的リアリズムの雄となった作家の他界とともに、ラテンアメリカ文学も一時代の幕を下ろすこととなろう。

ではそれに続く世代の書き手は？

二〇〇九年「ボゴタ39」（三十九歳以下のラテンアメリカ中堅作家三十九名の集い）に招かれたグアテマラ出身のエドゥアルド・ハルフォン（一九七一〜　）はそのひとりである。セファルディ（一四九二年にイベリア半島から追放されたユダヤ教徒）の姓をもつ彼は、先住民世界とはまた異なる「少数派」に属する。ガルシア＝マルケスの壮大な年代記とは対極に立つ短編の手品師の来日（二〇一四年三月）を機に、その作品一編を紹介する。幼少期から思春期に体験した政治の季節を回想するこの作品は期せずして、ラテンアメリカの中堅映画人たちの関心とも歩調を合わせているかに見える。次号掲載予定のインタビューと併せてお読みいただきたい。

●短編小説

祭司　Sacerdote

エドゥアルド・ハルフォン
飯島みどり 訳

　レバノン人サリム・ムーサは中央広場に面するアーケード商店街《ポルタル・デ・コメルシオ》の一角で半世紀以上も布地を商ってきた。同じアラブ系の布地屋でも他の面々は、もう何年も前に首都のこんなうらぶれた地区から豪勢な新興ショッピング・モールへと店を移していた。それでもムーサは声を大に、ベイルートから当地へ到着ほやほやにしてわしのアレクサンドラと二人してこの「小姓《エル・パヘ》」を店開きしたのだし、家内は死を迎えるその日まで働きづめ、最後の最後までポルタルのこの店に汗したのだから、そう言いつのった。言いつのったのだ、何せその当時の「エル・パヘ」は布地屋としては当国ピカ一の重鎮、四代に亙る大統領の御用達（アルベンス[*1]は大統領府《パラシオ・ナシオナル》からまっすぐ中央広場を突っ切り、直々《じきじき》この店へ布地を選びに来てくれたものだ）、それはかりかフィデル・カストロ[*2]もチェ・ゲバラもひいきにしてくれた、何せ一九五〇年代グアテマラに亡命していた二人は連日のように、午後になると店へお喋りにやって来たもので、ムーサの方では彼らにカルダモモ入りトルコ・コーヒーを点《た》ててやるのが習いだった。ムーサは言いつのった、店の構えを切り詰めていかにゃならんにしても、それがどうした――なるほど一九八〇年には半分に、九一年にはさらにその半分、そして前の年そのまた半分になっていた。今や隣近所だって模造宝飾店やらドルの両替屋やら、あるのかないのか定かでないくらい忘れ去られた古銭商の類だが、それがどうした。おまけに何回となく強盗に入られ、あまりに頻繁なためどこの保険会社も盗難契約など売ってはくれなくなっていたが、やはり彼は頓着しなかった。サリム・ムーサは相手構わず声を大にこの手の口癖を聞かせていたが、決まって両の拳を空に突き上げ、白髪は総立ち、その目は決して到来しないはずの何かをそれでも待ち続ける男の白眼だった。

――タフタンはヤード幾らでしたっけ、ドン・サリム？

フアナは開業からずっと勤め上げてきた唯一の従業員だった。体格はずんぐり、気は真面目。口数は少ない。いい加減目も半ば視えなくなっていた。静脈瘤が昂じ、足台に腰掛けたまま働くしかなかった。

――二〇[*3]だ。

――ヤード二〇ですって、お若いの。――相変わらず指先で布の一端をためつすがめつしている客に、ファナは言った。

店の入り口に位置する己れのくたびれた仕事机から、青い数字の並ぶ大判台帳を胸の前に開いたまま、ムーサは火のない煙草を唇にはさみ彼女を見やった。

──舶来ものですよ──と彼女──入荷したてなんです。

ムーサは目を落とした。そのタフタンはかれこれ二年分の埃を溜め込んでいた。

──このひと巻、お取りおきじゃなかったですか、ドン・サリム？

──じゃあ三ヤード下さい。──そそくさと客は言った。

ファナは頭を掻いた。

──確か売約済なんですよ。ごらんな、お若いの。十ヤードそっくりね。

ムーサは腕組みし、妻の埋葬の折のファナを思い起こした。彼女は店に出るときのいつもの灰色の服に紺の上っ張りをまとって葬儀に現われた。いかにもそれが、一生を同じ主人に仕える奉公人の正しい服喪のあり方とでもいうように。その表情には何も読み取れなかった。何の感情も。何の哀しみも。だが墓地の出口に差しかかると、有象無象入り混じるなかファナは老レバノン人に近寄り、彼の前腕《うで》に一方の掌を、ほんの片とき重ね合わせた、彼を見ることも言葉をかけることもなく。それまで一度として彼に触れたことはなかった。

──何ならお若いの、国産もののタフタンをお見せしますよ。

国産もののタフタンなど、店にはなかった。

——でももしこっちが十ヤードそっくり買うと言ったら？　——客はぼそぼそと呟いた。ファアナはひとことも発しなかった。なおも頭を掻き続けた。

——ドン・サリム、どうします？　——遂に彼女は助け舟を求めた。

彼にはおなじみの芝居だった。朝のトルコ・コーヒー、その一杯目をひと口に飲み干した。肩をすくめると、見えない蠅を手で追い払う仕草とともに是認の合図を送った。

——アラセリや、これをこちらのお若い方向けにお包みして——ファアナはもう一人の従業員に指図すると、自分は札を勘定し、しまう間にも足台からは離れなかった。

ムーサは、誰かトルコ・コーヒーのお代わりを頼む、と叫んだ。中央広場の方へと目を上げ、火のない煙草をむしゃむしゃ噛みしだいた。外は灰色に澱んでいた。表に面した擦りガラスの向こうに、白い鬚《あごひげ》の裸足の老人が床置き体重計に乗っているのが見え、《たったの一ペソで体重《ペソ》は思いのまま、今より良い人生を手にしませんか》と書かれた大きな札が、その首から下がっていた。さらにその向こうには、ひどくやせこけ肌は目立って褐色《モレノ》の子供がひとり、中央広場の上がりくちの段に腰かけている。上半身裸だった。黒い犬っころが彼の両脚に挟まれて眠っていた。誰かが前を通るたびその子は子犬をかざし、何か声を張り上げていたが、ひょっとすると犬をいくらで売るという類か、それからまた子犬を膝の上に戻し、キスしてやると、両耳を撫で続けたが撫でるというには力が入りすぎていた。

——黒のギャバジンあります？

老レバノン人はやにわに、灼けつく痛みを胸に覚えた。のどが締めつけられた。目の前に雲がかかった。煙草を手つかずのまま床に投げ、踏みつけながら、片方の手の平で涙を拭った。立ち上がった。買い手の若い娘をやり過ごさねばならなかった。

——ちょっと御主人、黒のギャバジンあるんですか?

手洗いの戸をぶっきらぼうに押し開けた。天井から下がる鎖ひもを引いても電球はもはや琥珀色の光をほとんど投げかけなかった。あたりは臭かった。いつだって臭かった。ムーサは手洗いの流しの上にかがみ、冷たい陶器の両耳を摑んだ。深呼吸した。蛇口をひねり、水を顔から首筋へと流した。脈が躍っていた。目を上げた。かびの生えた鏡に映る己れの貌は実際よりはるかに老けて見えた。己れ自身に吐き気を催した。己れ自身を呪った。涙のこぼれたわけがわからなかった。涙のこぼれ続けているわけが。ひとりだった。ひとりぼっちだと感じた。依然として何かに、何でもいいからしがみついていた、さっさと死なせてくれと哀訴する店に、とうに死期を迎えている店に、なおもしがみついていた。彼のアレクサンドラが恋しかった。わしのアレクサンドラが夜半に立てる深い吐息が。わしのアレクサンドラの両の手からいつも漂ってくる麝香草《タイム》とオリーブ油の甘やかな芳香が。わしのアレクサンドラと手合わせするシェシュ・ベシュ*4が。同じレバノン出自の友人たちがことごとくあの世へ去ってしまってさえなければ。せめて子供がひとり、男の子がひとりいたなら、せめてわしのアレクサンドラが自分に男の子ひとり産んでくれていたなら、店が続くように、家名が続くように、夜な夜なこんなにも侘しさを覚えず済むように。鏡のなかの己れの貌に唾を吐いた。そうしてから薄赤い便所紙をひとちぎり、それをきれいにした。

＊

仕事机に向かって腰かけたムーサは、一羽を半分にしたローストチキンにとうもろこしとエンドウ豆入りのピラフ、そしてミルクパン[*5]の昼食を終えたが、それは毎日変わらず今日もまた、サボイ横丁の中ほどに位置する名もないカフェテリアからの出前だった。彼は黒革の古色蒼然とした椅子にそっくり返った。煙草に火をつけ、咳込みながら煙が両肺の裡にうまいこと収まってゆくのを待った。

――ドン・サリム――小さな器に注いだトルコ・コーヒーを一杯、目の前に置きがてらファナは言った――アレナレスさんの坊ちゃんからお電話ありましたよ。

ムーサは黙ったまま煙を吐いた。

――今週これで四度目ですからって。

――お前たち、何か仕事せんか！　――テーブルにもたれかかってひそひそ話をしていた二人の女店員にムーサは怒鳴ったが、まだ二人の名を知らなかった。

――事務所にお電話下さいって、ドン・サリム――そう言うとファアナは女店員二人がいたあたりへ立ち去った。

老レバノン人は息をついた。電話などすまいと決め、コーヒーをちびりちびり飲み干した。受話器を取ると番号を回した。

――こちらムーサですが！　――秘書が電話を取るや彼は食ってかかったが、秘書の方は一瞬言いよどんだものの、もちろんです、ただいまアレナレス先生《リセンシアド・アレナレス》に取り次ぎますと応えた。

ムーサはそのまま間もたせの曲を聞かされた。仕事机からミルクパンの屑を払い落とした。次の煙草に火をつけた。何度も受話器を置きかけた。

――アラちゃん《アラビト》とは。

――御機嫌いかがかな――ムーサは声を大にし、一瞬誰と話しているのか失念し、それからようやくのろのろと、その呼称を頭に刻みつけた。

――なかなかの御無沙汰だな、アラちゃん。

――いかにも。

――もう六カ月になるじゃないか。

――いかにも。

――それで？

――実は……

――ちょっと待った、その先は任せてくれ、アラちゃん――すかさずアレナレス先生は言を継いだ――こっちはすべてお見通しだ。どれどれ。死んだうちの親父とは至極親しい友人だったと。親父はおたくにあれこれお目こぼししていたと。ポルタルの今の店舗をうちから借りてもうながーいこと何年にもなると。この国の景気ときたら、おたくの口癖のようにさっぱり立ちゆかないと。――先生《リセンシアド》はここで何秒間か口を噤んだ――いやはやよくもまあすっかり承知のこった、アラちゃん。それとも何か挙げ忘れた件があったかな？

ムーサは沈黙を守った。胸に再び灼ける痛みを覚えた。

――なーんにも、ないわなあ？

長々と黙したのち、ムーサは切り出した――

――お父上は、できたお人だった……

――頼む！　――先生はムーサを遮り激しくしゃくり上げた――親父のことはもう言わないでくれ！

ムーサは店のあちらからこちらを窺うファナの視線を感じた。両目を閉じた。

――頼むから、ともかくおたくの借金を払ってくれ！

＊

ムーサは本日の領収証を机上にすっかり延べ広げていた。それらを集めると手の中で整頓し、また整頓し直した、まるでカードを切るように。いくぶんか丸め気味にして仕事机の引き出しにしまった。改めて、帳簿の頁に記された青い数字たちをひたと見据えた、その帳簿にすべり込んだ一番最後の青い数字たち、彼のアレクサンドラが六カ月前に書き入れたそれを。それに続く頁はただ白紙。当の青い数字たちも擦れてぼやけかけていた。わしのアレクサンドラの面影もまた擦れてぼやけかけていた。ムーサはその頁を愛し気に撫でた。従業員たちが帰りますと告げているのも耳に入らなかった。誰かが既に明かりを消していた。

――お先に失礼します、ドン・サリム。

ムーサは生気の失せた眼差しをファアナへと向けた。彼女に何か言いたかった。開くともなく口を開いた。だが何を言ったものやら思いつかず、再び青い数字たちの方へ目を落とした。

考えがまとまらなかった。胸が灼けついていた。例の頁を撫でながらその手は震えが止まらなかった。それでもなぜか心境は静謐と言ってよかった。凪の平和。思いついた――まるでさなぎにくるまれているようだ。また思いついた――まるでハリケーンの目のようだ。また思いついた――まるで映画の一場面、端から端まできびきびと生気に満ち、幸せそうな音楽が軽やかに流れる場面、そのあと悲劇がやって来るときのお決まりの。その脳裡に去来するところをぼそぼそと口にしているのがアラビア語だとは気づかなかった。青い数字たちの最終頁を破り取ったことにも気づかず、気がついた時には破り取られた紙片を手に握っていた。紙を幾重かに折り畳むと上着左胸のポケットに、煙草の箱の収まっているポケットにしまい、仕事机のスタンドを消した。

外は生温かい小糠雨の夜だった。

＊

給仕は老レバノン人の面前にウイスキーのグラスを置くと、黙ったままテーブル脇に立ち尽くした。その顔は青白さが度を越して妙に赤味がかっていた。口髭がぽつぽつほの見えるか見えないか。薄くなった頭髪の上に黒髪のはねをまとめるべくポマードを使っていた。白いシャツに白ズボン姿、黒い蝶ネクタイをつけていたが、それは間違いなく喉元に引っかける式のものだった。爪には油汚れが残っていた。

ムーサはぴくりとひと息にグラスをあおった。客は彼ひとりだった。

小さな酒場は白い光に煌々と輝いていた。遠く、フルートとバイオリンのレコードがかかっていた。四隅の一角、天井近くに取りつけられたテレビには、白黒画面のサッカーの試合が音を消して映し出されていた。椅子はどれもプラスチック製。四つあるテーブルも皆プラスチックだが白いテーブルクロスに覆われており、更なる取り繕いの小道具として鉢植えの造花が乗っていた。

――この店は何と言うのかね――口調に苛立ちの色濃く、小さな紙ナプキンで顔を拭いつつムーサは言った。

――エル・インテルナシオナル。

棚の上で電話が鳴った。給仕は応対に走った。

ムーサは煙草の箱から折れ曲がり湿った一本を取り出し火をつけた。咳込み始めてようやく、午睡から醒めるかの如く我に返るもののそれも惰性、彼はどこぞのホテルのロビーにいるのだった。たまたま目に入った手始めの、営業中の明かり眩しい店に飛び込んだのは、雨の中をひとしきり歩き回ったあとだった。あてもなくその気もなく。六番通り《セクスタ・アベニダ》[*6]を。ルビオ横丁からアイシネナ横丁へ。コロン広場のここそこを。アーケード《ポルタル》商店街にも幾度か立ち戻り、店の前を素通りしたかと思うとエルマ楼[*7]の入口正面も通りがかり、それでもそのまま階段を三階分昇ってちんまりした自宅アパートの扉を開けるより、いま一度《ひとたび》取り残されたとの匂いを感ずるより、わしのアレクサンドラがくたくたのマットレスに印し残した、版画か活版印刷のように刻印された死の跡に添い寝してまたも一夜を過ごさねばならぬより、雨にそぼ濡れ続ける方がともかくもましだった。

給仕が戻って来て、またさっきと同じ腕組みをしてテーブルの脇に立った。その目はどこをも見ていなかった。

――灰皿はあるかね？　――唐突にムーサは問うた、実のところは下がってくれ、ひとりになりたいのだと言うつもりだったが。

隣のテーブルに手を延ばし、素焼の灰皿を客の方へ寄越すと、給仕はまたも同じ姿勢に戻った。

――お客さん、ひと部屋要り用ですかい？

それは問いというより果たし状を突きつけるに似た物言いだった。

ムーサは相手を無視した。ウイスキーの残りが尽きたのでグラスを持ち上げた。

――すまんがお代わりを頼む。

給仕は空のグラスを手に取り、ひとつきりの棚、電話の傍らに並ぶ四、五本の酒壜へと歩んだ。

――お客さん女が欲しいんでしょ――ウイスキーを注ぎながらあけすけに言った。

ムーサは何も言わなかった。

――あっしが手配しますぜ――グラスを渡しついでに言った。

再び電話が鳴った。給仕は出ようと駆け寄り、老レバノン人は給仕が何かの値段を交渉しているさまを聞いてしまったと思った。電話を切ると給仕はテーブル近くの定位置に戻ってきた。

――おたくたちは尻デカ女がお好みでしょ。

ムーサは《おたくたち》が誰を指すのかわからなかった、年寄りそれともアラブそれともよそ者それとも連れのいない野郎それとも酒はウイスキーに決まってると称する男たちのこと、否、何も訊かない方がよろしいと腹を括った。

――勉強しますぜ――給仕は用心深く声を潜《ひそ》めた。

突如ムーサは寒気を覚えた、奥深く、じんじんと迫る寒気、己れの骨という骨から発するかのような寒気を。

――ははあ、――給仕はそう言って、ふんと鼻をこすった――お客さん、いい気持ちになるにはアレが欲しいんか。

ムーサは震えていた。歯と歯がかちかちと音を立てていた。

――そっちでだって勉強しますぜ。

――おのれ《カッラー》！　――彼が吠えたのはアラビア語だった。

給仕は両目を見開き両手を上げ、手の平を開いた。

――いい加減にしろ、糞野郎め！　――叫びのあまりレバノン人はほとんど椅子から落ちそうになった。

白々としたあたりの空気に、場違いのフルートの音が申し訳なさそうに漂った。

――消え失せろ！　――ムーサは叫んだ。

黙ったまま、ほとんど肝をつぶした給仕は後ずさりを始め、酒壜と電話の並ぶ棚まで行き着いた。かすれ声で電話を一本かける間、ずっと背を向け続けた。受話器を置きくるりと振り向いてみると、老人はテーブルに突っ伏し両目を閉じていた。近寄ってみた。いびきが聞こえた。紅潮した両頬はぐっしょりと濡れ、右手は己れの心臓を支えるかの位置にあった。いまだ痙攣していた。給仕は手近のテーブルから白い布をはいだ。それを老人の上からかぶせ、両肩まで覆った。おもむろに老人の隣に腰を下ろすと油じみた片手を隣人の額に置き、そしてそれから祈り始めた。

Eduardo Halfon, *Siete minutos de desasociego*, Bogotá, Panamericana, 2007. 所収

＊註

1　グアテマラ大統領（在任一九五〇 - 五四）。「グアテマラの春」と呼ばれる改革期（一九四四 - 五四）の二代目首班。農地改革法の施行がユナイテッド・フルーツ社の利権を害すと米国から敵視され、発足間もない米州機構においても孤立を強いられる。アイク＝ダレス体制の意向を受けた反アルベンス派軍人が五四年六月ホンジュラスから侵攻、辞任と亡命を余儀なくされる。以後グアテマラの二十世紀はほぼ軍政と内戦の時代に回帰する。

2　チェ・ゲバラがアルベンス政権下のグアテマラに滞在していた事実はよく知られている。一方モンカダ兵営襲撃の失敗からフィデルはこのころ獄にあり、両者がこの時期グアテマラに相まみえる史実はない。ドン・サリムのモデルでもある著者の父方祖父は「フィデルとチェが」と家族に語り聞かせていたそうだが、実際のところは、同じくモンカダ襲撃組に属し当時グアテマラ亡命中だったアントニオ〝ニコ〟・ロペスの存在がフィデルとして伝えられたのではないかと推測される。

3　二〇ケツアル。このころ四ドル程度か。その名はグアテマラの国鳥にちなむ。後段に登場するペソはスペイン語圏の各地で歴史上たびたび用いられてきた通貨単位。

4　バックギャモンの一種。

5　直訳ではフランスパン。中米のそれはバゲットではなく日本でいうところのミルクパンに近い。

6　首都グアテマラ旧市街一の繁華街。中央広場およびポルタルの西側に位置する。

7　一九五〇年、著者の父方祖父とその共同事業主にしてやはりレバノン出身の盟友ニコラス・バシラとが施主となって建てた七階建の近代的ビル。中央広場を望み、ポルタルの一部をも成す。施主それぞれの夫人の名を組み合わせてエルマと名づけられた。

●インタビュー

人間の真髄を嵌め込むモザイク

エドゥアルド・ハルフォン インタビュー（聞き手＝飯島みどり）

地球《グローブ》はおそらく常に球状《グローバル》であった。今どき球状化したと騒いではG・ガリレイに笑われはしまいか。日本学術振興会科学研究費助成研究「レバノン・シリア移民の拡張型ネットワーク――自己多面化と空間構想力」（研究代表者・東京外語大AA研　黒木英充）により来日したゲストの縦横無尽《グローバル》な想像／創造力はどこから湧き出ずるものか。生身の人間の心情に迫ることこそ、人類を地球の隣人としてとらえ直す重要な一手であろう。

四人のヨーロッパ人

――今日は米国ネブラスカよりグアテマラの作家エドゥアルド・ハルフォン氏をお招きしま

した。グアテマラの、と紹介するのが適切か否かも含め、まず御家族のことからお話し下さい。

ハルフォン（以下EH） 僕の祖父母たちはグアテマラ人ではないので、そのへんから始めるのがよいですね。四人ともヨーロッパ人[*1]で、グアテマラに到来後、知り合い結婚しました。僕の両親はグアテマラ生まれです。祖父母のうち三人はアラブ出自。残る一人は姓がテネンバウム、ポーランドはロッジ[*2]出身のユダヤ教徒。この母方祖父は第二次大戦後、強制収容所からの解放を経てグアテマラへ到来、シリア人の両親をもつ祖母マティルデと結婚します。祖母の両親は元々アレッポのユダヤ教徒でグアテマラに住みついていました。

さて父方の祖父は僕同様エドゥアルド・ハルフォンといい、ユダヤ系レバノン人。グアテマラ到着は成人してからです。この祖父の一家はレバノン[*3]脱出後ラテンアメリカ各地に子供たち、つまり祖父の兄弟姉妹をばらまきます。祖父はある成行きの結果グアテマラに足を踏み入れ、マルゴ・コーエンと出会う。これがアレクサンドリア出身、ユダヤ系エジプト人の父方祖母です。

――エドゥアルド翁のグアテマラ到着はいつごろですか。

エドゥアルド・ハルフォン（本人提供）

ＥＨ　一九二〇年か二一年ごろ、第一次大戦後ですから一八年くらいかも。祖父は一九〇〇年生まれで二十歳ごろのことと聞いてます。祖父の両親つまり僕の曽祖父母がまず一家上げてベイルートを出た。曽祖母はレバノン脱出後フランスへ到着する途上に亡くなり、コルシカ島のユダヤ墓地に葬られる。その後曽祖父はニューヨークへ。祖父はパリに残り、弟妹七人はメキシコ、グアテマラ、カリ（コロンビア）、リマ、ハバナ、マンハッタン、マイアミ、と散らばり、各々が定着先に店を開く。祖父がパリから各人へ商品を手配する。商っていたのは布地です[*4]。今なら伝手を頼って集住するのが移民のパターンとして考えられがちですが、その逆の散開型。もし兄弟姉妹のうち商売不振の者がいたら別の土地から救出しに行けるという発想。そしてまさしくグアテマラに居を定めた弟がうまく行かなかったので、祖父は弟を救援に来たわけ。それで本人がグアテマラで商売を始めました。

――それが一九二〇年代半ばくらいですね。

ＥＨ　祖父が亡くなった折にしっかり整理しておかなかったため正確には言えませんが大体そのくらい。祖母の方はアレクサンドリアを出てアメリカ[*5]に辿り着きます。祖母の父はパナマにいとこがいたものだからともかくパナマを目指し、船がアメリカの最初の港に着いたときパナマに着いたと思った。それで皆そのつもりで下船[*6]した。ところが実はグアテマラだった。祖母の話も事故みたいなものです。

母方祖母マティルデ・バシリに少し話を戻すと、その父つまり僕の曽祖父は博徒だった。家族に食べさせるでなく有り金全部スッてしまうは、流れ者で一家もろとも旅から旅へ渡り歩いていた。祖母の兄弟姉妹は遊牧民のキャラバンさながら生地も皆バラバラ。流れ流れてグアテマラのケサルテナンゴ[*7]までやって来る。後年、祖母が首都へ上京してレオン・テネンバウムと知り合います。

厨房に会する文化

――孫のあなた方とは皆さん何語で話したのですか。

EH　いつもスペイン語。アラブ出自の三人はお互い同士だとアラビア語。もしくはフランス語。父方祖父はレバノンからフランス語をしょって来ていたし。ただ僕らには常にスペイン語。ポーランドの祖父はイディッシュを話し、友人同士とりわけ戦後の友人たちとはイディッシュでしたね。けれど僕らにはやはりスペイン語。従って僕自身はスペイン語に生まれ、人生最初の十年、一九七〇年代はすっかりスペイン語で育ったと言える。その先やや混み入ってきますけど。

――多言語世界を覗き込む機会もあったのでしょうか。アラビア語やイディッシュを耳にするとどんな気持ちがしました？

EH　終始アラビア語の方が自分には遠い言語でした。厳格な祖父の話すアラビア語は無愛想で権威的な響きがした。一方ドイツ語の片鱗をもつイディッシュは音の感じがまるで違う。全く異なる文化の間を往き来するようなもの。ユダヤ教といってもセファルディとアシュケナジ*8では世界が全く異なるんです。幼少期のシナゴーグ通いでもその違いを見て育ちました。

――グアテマラ市内にはシナゴーグも二つ?

EH　セファルディ用は市内第二区、マルティ通りを越えたあたり。一九三〇年代か四〇年代に祖父が仲間たちと建てたものです。ドイツ系やポーランド系の集まるアシュケナジ用は第九区。僕らはこっちへ行ったりあっちへ行ったり*9。お祈りはヘブライ語ですが両者の発音は異なります。そうそう幼少期のもうひとつの言語はヘブライ語。ヘブライ語の授業も受けていた*10。ただ、言語として身につけるのではなく音と文字として接するもの。

同じユダヤ系ながら言語も食べものも文化も異なる二様の家族。父方祖父はあの世代のアラブらしく、接し方にも距離がある。アシュケナジの家族はずっと親密。文字通り触れ合うのが普通の接し方。まるで家族を二種類抱えているみたい。一般的にセファルディとアシュケナジとは未だに交流も通婚もないですよ。儀礼も異なるし。

こんな例もあります。僕は祖父と同名。セファルディの間だと、祖父の名を孫につけるのは祖父存命の時に限ってできる。ところがアシュケナジだと、祖父が故人でなければそういう名づけ方はできない。年中行事の子細や習慣、詠唱《カンテ》など、両者は随分違います。グアテマラのユダヤ・コミュニティは二つに割っても意味ない程に小さいのに、それでもシナゴーグは二つある。

――一説には百家族程度とか。

ＥＨ　にも関わらず二つ、いや今は三つです。イスラエルからの移住者たちが自前のシナゴーグを持ってます。

――ともあれハルフォン家にあっては両者が混ざり合っている。

ＥＨ　そう。母はアシュケナジ、父はセファルディ。どうしても父方優位なので家族としてはセファルディとみなされますが。僕は子供の時から習合主義《シンクレティズム》の世界に生きている。ふたつのユダヤ世界と共生する。さらにはアラブ世界とも。アラビア語が話されアラブ料理を食する世界。ある種のアラブの伝統が家庭内に存在する。

――まさしく「最後のトルコ・コーヒー」に綴られる世界。中でも厨房のくだりは意図的に引き延ばされていますね。

ＥＨ　あの場面は習合主義の暗喩です。厨房では種々の色と匂いが混ざり合う。アラブの香り漂い、ユダヤ・ヘブライ料理が登場し、グアテマラの食べ物も同居している。そしてあの厨房から供される料理は最高においしい。

そんな環境に育ったため僕は子供の頃から境界というものに欠けている。それが作品に反映される。境界を設定しようとなると骨が折れる。僕の書く短編《クエント》、僕の生み出す本は分類困難。考えるときも二言語[*11]を使う。「純粋」と対置されるあり方だけれど「不純」とは違う。不純というと何か汚れの含意がある。そうではなく、幾つもの流れから成る、色が擦れて溶け合う鉛筆画のようなあり方。様々な部品から成り立つだけに複雑怪奇、同時に元のどれとも異なるひとつの新しい存在。それが僕の子供時代でした。

――ありとあらゆる要素が一堂に会する総会《アサンブレア》というか、モザイクというか……。

EH　モザイクはアラブ世界[*12]に端を発しているのでぴったりの用語だと思う。

――御両親とその上の世代とは何語でのやりとりだったのですか。

EH　スペイン語のみ。両親はグアテマラ生まれの世代なので、もはやスペイン語世界の人間になっています。

「どこにも属さない」ということ

――メキシコやアルゼンチンの、シリア - レバノンに遡る出自を持つ家族幾組かにこれまで話を聞いてきた限りでは、移民第一世代は生まれ故郷に戻って死にたいと考える例が多いようなのですが。

EH　うちの場合は違いますね。四人のうち誰ひとり故郷に戻ることはしなかった。

――何かわけがあるんでしょうか。

EH　重大な意味がね。ポーランド出の祖父は二度とポーランドに戻るまいと思っていた。

ポーランドの同胞に裏切られた、ナチに引き渡されたのはポーランド人たちのせいだと感じていたから。レバノン出の祖父はやはり一度として戻らなかった。しじゅう旅する人で、ヨーロッパへは毎年出かけたしイスラエルにさえ行った、でも故郷へは戻らず終い。[*13] かといって彼らは決してグアテマラ人になることもなかった。明らかに彼らはグアテマラの外に生きていた。グアテマラに住んではいたが、あくまでよそ者として。

グアテマラ自体これと規定することの難しい国ですが、まあラディノ[*14]の国、カトリックの国と言えますかね。今はともかく当時は丸々カトリックと言ってよい。そこにたった百家族。世間との交流はあってもその先、多数派のゲームに加わろうとしたところで、そうそう中には入れない。いつも傍から眺めているだけ。僕自身もそう。うちのしきたりはグアテマラという国のそれとは違う。子供ながらに自分の儀礼と友だちのそれは違うとわかる。僕はグアテマラなる織物の一部を成すに至らない。

祖父母はまるで無間地獄《リンボ》に置かれたみたいなもの。ユダヤ・ディアスポラの特徴と言えます。どこの人間でもない。もはやあちらの人ではないが、こちらの人でもない。辿り着いた先を己れの土地としたように見える、文化にも言葉遣いにもなじむ、けれど遂にその土地の人間にはなり切れない。祖父母たちを見るとそう思います。両親や僕の世代でも、ある程度は同じことが言える。

――幼少期何か除《の》け者にされるような経験をしましたか？

EH　子供同士でそれはない。否定されるような経験は全然。ただ友だちの初聖体[*15]の祝いに行くと混乱する、みんなしてるのになぜ僕にはないんだ？　うちではクリスマスも祝わない。周りはみな祝うのにうちだけは違う。わからない。だって「人それぞれ」ではなくて「僕以外」と「僕だけ」。すると自分だけはそこに属していないという心境になる。おまえは属してない属してない属してないと繰り返し突きつけられる。

受け容れてもらえるようできる限りのことをする。同じように話し同じような服を着て同じように遊ぶ。自分はその世界に属していないと醒めていながらね。僕の作品、特に幼少期を題材とする『父の言う「明日」はついぞ来ない[*16]』を読んでもらうにはこの点が大前提となる。この、どこにも、決して属さない、何かの一部になることは絶対にないという感覚。これは総じてユダヤ的感覚でありつつ極めて僕個人に特有の感覚でもあります。

——さて十歳を境に家族で米国へ移りますね。御両親とあなたがたのみ？

EH　基本的には。祖父母もいったん国外へ出ますが数カ月だけ。国を出たと言えるのは両親と僕、それに弟と妹。一九八一年八月、十歳の誕生日を迎える頃グアテマラの状況は堪え難く危険な域に達し、両親は逃げることに決めます。逃げ出したと言うと父は嫌がるのだけれど、それが事実。まさにグアテマラを逃げ出す。一時退避のつもりだったと思う。まさか行ったきりになるつもりはなかっただろうに、父は家を売り払った。しかも大慌ての叩き売り。僕は中・高・大学とずっと米国の教育を受け、二十二歳になるまで一度もグアテマラには戻らない。

大学では工学を専攻し、卒業とともに学生ビザが切れグアテマラへ戻らざるを得なくなった頃にはスペイン語もほとんど忘れかけていた。僕にとっての母語はスペイン語だし今後もずっとそうであり続けるわけだが、十二年のうちに英語がどっかと腰を落ち着け、僕の得意言語と化していた。両親が僕らにスペイン語で話しかけると僕ら子供たちは英語で返事する。子供は適応が早いので、ある文化から別の文化へ移行するのは訳ない。逆に元の文化に戻ってくるのはさんざんでしたよ。

そんなわけで、戻ったのはよいが、そこは全く自分の知らない国。右も左もわからない《デスウビカド》状況に陥る。いるべきではないときに、いるべきではないところにいてしまう。全くもって身の置きどころに困る。

救いとしての文学

——そこから模索の旅が始まるわけですね。

EH　まさしく。ただしすぐに出口が見つかるわけはなく、五年も六年もかかった。まず自分は空っぽだと気づく。その空虚さに由来する危機がどんどん膨らんでゆく。年々深刻になる。しかし直視したくない。とうとうどん底に至る。それからやっと出口探しにかかる。いたたまれなさを覚えてから腰を上げる覚悟が決まるまで六年もかかった。

そのいたたまれなさに押され、僕はまた大学を志し、哲学課程に入った。数学的合理性に基づけば、哲学が僕を救ってくれるだろうと。そこから文学に手を染めます。ラテンアメリカの大学には哲文学部の伝統があるため哲学を志すと文学がついてくる。かくて二十八歳にして僕は文学を見出し、一目惚れというか頭を一発殴られたというかキューピッドの矢というか、ともかく即座に魅せられた。突如文学に取り憑かれた。片っ端から本を読みまくった。ほとんど中毒《ジャンキー》のように。僕のクスリは物語文学。ひたすら小説を貪った。

——若者が本を読まなくなったと言われますが……（笑）。

EH　僕もそうでした（笑）。しかし物語世界を発見する、その労は自ら引き受けなければならない。昨今は僕の時代と比べてもいよいよ種々の刺激が、放っておいても向こうからやって来る。コンピュータにしても映画にしても、あるいはパチンコにしても。そうした手軽な刺激より読書ははるかに満ち足りた営みだが手間はかかるし面倒。人間はすぐ手に入るものに惹かれやすい。だから若者の気持ちはよくわかる。

読書三昧の果て僕は文学の教授に助手役を頼まれ、さらに翌年、文学専門ではない学生たち向けの文学の講義を受け持った。学生たちの裡に僕はかつての自分の姿を見る。十八、九の若者たち、自分が何をしたいのか自分でもわかっていない年頃、わからないから勉強する気にもならない。そんな学生たちを断罪しても始まらない。それより、僕自身が発見したものを彼らも彼らなりに発見できるよう手を貸さないと。芸術というものは自ら発見しなければ。他人が教えてやることはできない。そこが難しい。他人が教えられるものならそれは福音《エバンヘリオ》。僕は福音を触れて回る柄ではなく、文学の営業には全く向いていない。

そのことがわかったので七年ほどで大学を辞め、執筆に専念するようになります。作家になろうと思ってなったわけではない。全くの偶然。二〇〇三年に初の作品集を刊行して以来、年一冊くらいのペースで世に送り出してきています。

ところが作家として世に知られるようになると周囲から「作家になる方法」の教示を求められる。一種の「手っ取り早い満足」を確保する手段として。書くこと自体より作家として認められたいという欲求が人々の間に渦巻いている。書くという行為は芸術である前に職人芸、つまり修業が必要。ことばをいかに取り扱うべきか、僕自身弁《わきま》えていなかった。その技芸を身につけるのは容易なことではない。読者の目に難しそうに映ってはいけないが、実のところは厄介な作業。ところが作家志望者たちは難しさがわかってくるとへたり込む。作家を志しているのではなく本を出すことが目的になっているからだろう。物書きなんて九十九パーセントは地味な職人芸の世界。承認願望を満足させられる部分など、ごく僅かです。

エンジニアの死

——たとえば『ポーランドのボクサー』が世に出るまで相当の熟成期間を要したそうですね。

EH　刊行は二〇〇八年。母方祖父がこの話を僕に打ち明けたのは二〇〇〇年ごろ。グアテマラへ移り住んで六十年近く一度として話したことがなかったのに急に語ることを決意し、相手に僕を選ぶ。アウシュヴィッツに命拾いした話。祖父は当時まだ元気だったし五時間近く延々語り続け、ただその五時間のうちほんの三分、その逸話を聞いた途端、あ、これこそ祖父の物語、これこそ僕の物語、僕が書くべき物語だ、と悟る。

ところが書けない。書く気になれない。どう書いてよいかわからない。そこで何やかや口実を作っては先延ばし。すると先延ばししている間に書いていた他の短編にその話がちろっと顔を出してはまた隠れるということが続く。覗いては引っ込む、その繰り返し。そうして二〇〇七年にやっと書き上げられた。機が熟し、物語への扉がやっと見つかった。そこで七年間に書きためた短編をひとくくりにして出版する。自分でそう計画したわけでもないのに、他の短編たちがこぞって「ポーランドのボクサー」の世界を形造っているから。つまり自分自身が人生のある時期を生きていることにより、作品たちも同じ世界を構成している。「ポーランドのボクサー」が建築現場の足場とすれば、僕はその足場にいろんなものを引っかけてゆく。それを一括して本にすると、読者の中には全体をひとつの小説とみなす人も出てくる。

書き手は書き手で完結した気になっていない。そこでエピソードのひとつが膨んで『つま先回転』と題する短い小説になる。また別の話が成長し続けて『僧院』という短い小説になる。同じ射程に収まる話《クエント》が幾つか生まれ出るので新版にはそうした増殖の産物を含めてみる。

ある話をはずしてみたり書き直し組み直してみたり、表題を変えてみたり、つまり僕自身が『ポーランドのボクサー』を既決の仕事として考えてはいないんです。日々変わりゆく、当人にもどこへ転がってゆくかわからないプロジェクト。

さらに翻訳がまた、少しずつ違ってくる。スペイン語以外の言語で刊行される版はみな少しずつ、スペイン語版にはない話《クエント》を収めている。これ自体がひとつの文学プロジェクト。ひとつの旅。旅人の僕にも何が起こるかわからない。

――カードゲームのようですね。札を捨てたり拾ったりが勝負になり、この相手にはこの札を切る、という式の。

EH　フランスの、イタリアの、ドイツの、ブラジルの、それぞれの読者向けに、編集者や訳者と相談しつつ別々のパッケージを呈示する。まるで生き物のように、作品もその都度ゆっくりと変わってゆく。皿回しの芸人よろしく何枚もの皿に目を配りつつ、一枚たりとも落ちないようちょこちょこ回して歩く。しんどいけれども面白い。出版そのものが一種のゲーム。本来のエンジニア気質が可能にしてくれているのかもしれない。

――歴史を扱う立場から少々食い下がります。異本異説を野放しにするという発想に歴史屋は困惑するもので（笑）。決して正史を追求するではないにしても、歴史屋たるものどうしても真の歴史に一歩一歩近づいてゆきたいと考えがちです。

EH　作家も真実を追い求めていますよ。ただその真実を感情の裡に見出そうとする。作家は「紛うことなき史実」ではなく本物の感情を追求する。出来事としての本当かどうかはさして気にしない。だからこそ自作では、ある「事実」を立ててみせたあとでそれをまた崩してみせる。祖父はポーランドのボクサーのおかげで命拾いしたと語るが、後から別の説が登場する。物語は常に書き直される可能性を有す。石に刻まれた書きつけであれ、いずれ全く別の話に書き換えられ得る。僕の関心はそこにある。理性は無力だと言いたいのではなく、人間の感情に歩み寄れる力は理性より芸術にこそあるのではないか。

しかもこれは自分の中のエンジニアの死、理性の死と大いに関わってくる。幼い頃から数学や工学的なものの考え方、系統立てて考えるということに慣らされてきたけれども、それが全てではないと気づいた。人間の感情、人間の真髄《エセンシア》に近づくには別の道、別の角度からの見方というのもある。真実《ベルダ》より真髄《エセンシア》という語の方がしっくり来ますね。

――ところで今回レバノン系作家として招聘されたことに何か感慨はありますか。

ＥＨ　そう形容されたのは初めて。でも驚きはしません。何しろ僕のアイデンティティなるものはあまりに多様な部品から成り立っていてカメレオン並み。観衆の求めに応じていくらでも合わせられる。ちょうど『ポーランドのボクサー』を出版国ごとに違《たが》えるのと同じ。ユダヤ系作家と呼ばれても構わない。かつてその伝統の下に暮らし、その世界を知っているというだけで、今は信者でも何でもないけれど。グアテマラの作家とも紹介される。確かにグアテマラ旅券を持っている。スペイン在住中にスペイン国籍を得たのでスペインの作家と呼ばれてもおかしくない。実際スペインで編まれたスペイン人作家選集にも名を連ねている。スペインの格好をする必要があればそうするし、グアテマラ、アラブ、ユダヤ、いろいろな格好をする用意がある。お客の注文に合わせて衣装棚からふさわしい服を取り出し、演じます。今回は鞄にレバノン系という衣装を入れてきました。この注文は初めてでしたが、今週は注文通りレバノン服で通すつもり（笑）。

――御協力痛み入ります（笑）。次の機会にはまた別の衣装でいらして下さい。

（二〇一四年三月二十四日、都内にて。使用言語はスペイン語）

＊註

1 ここでのヨーロッパとはまずもって大西洋の向こう側つまり旧世界のこと。さらにシリア、レバノンからエジプトにかけてを含む地中海世界、一神教の影響を強く受けた世界までをも意識すると考えられる。

2 Łodź、ポーランド語ではウッチ。ロッジはイディッシュ読み。

3 十九世紀末、諸列強の浸蝕を受け弱体化するオスマン朝の下から新大陸《アメリカ》を目指し「トルコ人」多数が海を渡る。現在のシリア、レバノン、パレスティナからの出移民が中心だが、渡航時にはオスマン朝の発行する書類を携えていたため「トルコ人」と通称された。レバノンがフランスの委任統治を離れ国家として独立するのは一九四三年。

4　十九世紀末から二十世紀の第一四半世紀にかけ新大陸《アメリカ》へ移住したシリア・レバノン系あるいはユダヤ系の典型的生業パターンとして知られるのが、布地布製品（下着類、靴下など）の行商人。行商に成功すると主要都市に布地商の店を構えるようになる。近年『フォーブス』誌の表紙を飾るメキシコの大富豪C・スリムの家族も一九〇四年首都旧市街に「オリエントの星」を開業。

5　ここでいうアメリカとは本来の意つまりアメリカ大陸のこと。アメリカをUSAの意のみに用いるのは矮小化であり誤用と言うべきである。

6　大西洋（カリブ海）岸に入港しているはずのため、現在のプエルト・バリオスか英領ホンジュラス（現ベリーズ）のベリーズ・シティが下船地であろう。

7　グアテマラ第二の都市。

8　セファルディはイベリア半島に定着したユダヤ教徒。一四九二年三月のユダヤ教徒追放令により、イベリア半島から北アフリカへ転住、さらに小アジア、地中海沿岸にも拡散。キリスト教に回宗したとして新世界へと逃れた者たちもあった。中世スペイン語を継承。一方イディッシュを編み出したアシュケナジはドイツから東欧、ロシアに居住したユダヤ教徒の集団。

9　第二区は首都の北辺。第九区は向かいに米国大使館も位置する新市街。

10　作家には「ヘブライ語の授業」と題する小品もある。

11　英西両語のこと。後段にある通り本人は「英語の方が得意」と認識しているものの、既刊の英訳作品は英訳者を立てている。目下ネブラスカに住みながらも今のところ「スペイン語で書く」作家といえる。

12　正確には地中海世界とみる方がよかろう。

13 一九〇〇年生まれのエドゥアルド翁が来し方を振り返る頃、レバノンは内戦（一九七五〜）に苛まれていた。終生故郷に戻ることがなかったのは現地の政情のせいかもしれない。

14 人口の多数を占めるマヤ系先住民ではなく、征服・植民地化以来グアテマラ社会を支配統治する側に立ってきたヨーロッパ系白人のこと。ただし単なる人種概念ではなく支配的な価値観を受け入れる者たちをも指す。

15 カトリックの儀式。日本でいうと七五三の感覚か。宗教儀式に正式に参加できるほど子供が成長した証として祝われる。

16 六月号掲載「最後のトルコ・コーヒー」を含む短編集。グアテマラ内戦が比較的裕福な層にどのような影を落としていたか、十歳の少年の目を通して描く。暴力の明からさまな発露は書き込まれないが、現実を追認するだけの大人たちの振舞いに暴力の根を探知する、子供ならではの嗅覚の光る作品。

*
*
*

レバノン1949 Lebanon1949

映画『レバノン 1949』より

メキシコ／1949／サイレント（音声原版欠落）／
カラー／モノクロ／ビデオ（原版：16㎜）／48 分
撮影：ネーイフ・フーリー
提供：アーイダ・フーリー

●作品解説　レバノンの山村から 20 世紀初頭にメキシコに移住した家族。映画館を経営する２代目が 1949 年に家族を連れ、16 ミリフィルムのカメラを持参して里帰りした旅の記録。カメラはレバノン議会内部にも入り、独立後まもない国の姿が映し出される。家族が足をのばしたシリアとパレスティナの風景もとらえられている。
協力：Cineteca Nacional、科学研究費「レバノン・シリア移民の拡張型ネットワーク」プロジェクト

MEXICO / 1949 / Silent (original sound lost)/ Color, B&W / Video (Original: 16mm) / 48 min
Photography : Neif Jury
Source : Aida Jury

● Notes　In the early 1900s, a family migrated from a mountain village in Lebanon to Mexico. In 1949, the family's second generation, who run some movie theaters, take their children home to visit Lebanon. They bring a 16mm movie camera and go inside the Lebanese parliament and visit other sites, filming the recently independent country. They also record the landscapes of Syria and Palestine.
In cooperation with Cineteca Nacional, Project "Extensive Networks of Lebanese and Syrian Migrants" Sponsored by Grants-in-Aid for Scientific Research.

山形国際ドキュメンタリー映画祭　アラブ特集関連イベント

نظرة على العالم العربي

講談付き上映
『レバノン 1949』

Screening *Lebanon1949*
Featuring Kodanshi (storyteller) Takarai Kinkan

1940 年代に独立直後のレバノンを記録した 16mm フィルムがデジタル修復で甦った！
発掘されたホーム・ムービーを講談師・宝井琴柑（たからいきんかん）による語り付きで上映！

10/9 2015 **Fri.** 18:15 start

山形美術館 1 / Yamagata Museum of Art 1
映画祭チケットでご覧いただけます http://www.yidff.jp/
『レバノン内戦』『ベイルート 1982』と併映

メキシコ /1949/ サイレント（音声原版欠落）/ カラー、モノクロ / ビデオ（原版：16 mm)/48 min
20 世紀初頭にレバノンの山村からメキシコに移住した家族が 1949 年に里帰り。旅を記録したフィルムには内戦で失われる前のレバノンの風景が次々と現れる。綿下着の製造から身を興した 1 世が行商ついでに始めた野外上映会は、2 代目の映画館経営へと引きつがれ…。講談によって語られるある移民家族とレバノンの物語。

講談師　宝井琴柑（たからい きんかん）
Kodanshi　Takarai Kinkan
神奈川県横浜市出身。山形大学人文学部卒業。講談協会所属。10 月 21 日生まれ。てんびん座。B 型。中学生の頃より宝井講談修羅場塾にて講談に親しむ。平成 18 年 4 月宝井琴星に入門し、6 月に前座となる。平成 22 年 6 月二つ目に昇進。東京都内の各寄席や、各地の地域寄席に出演のほか、講演や講談教室の講師もつとめている。

協力：Aida Jury、Area de Acervos de la Cineteca Nacional、科学研究費「レバノン・シリア移民の拡張型ネットワーク」プロジェクト（黒木英充、飯島みどり）、足立正生

レバノン1949　追記

「映画？　映画ならあるよ」

二〇一三年九月某日、例年八月中旬からひと月ほどのメヒコ詣も今回はあと三、四日を残すのみとなっていた。一九四〇年代から八〇年代までメヒコで興行主として活躍したレバノン移民一世ネイフ氏を父に持つアイダ・ジュリ（フーリー）さんのお宅へは、二〇〇九年以来いつも逗留中に一、二度お邪魔しては古い写真や家族の資料を拝見していた。その日は「また来年伺います」との挨拶を兼ねての往訪だったが「今日はお昼でも一緒に」と誘われアイダさん、やはりレバノン系二世の夫君アントニオさんと三人で食卓を囲んだ。いつになく機嫌のよいドン・アントニオの話は食後のデザートよろしく次々と繰り出される。

建築家としてメキシコ国立自治大学の建築学部教授も務めたドン・アントニオが四〇代の、おそらく脂の乗り切った時期のことだろう。建築関係の学会に参加するためイスラエルに出張しなければならなくなった。その「ついで」に故郷レバノンの親族訪問を企てたものの（当然のことながら）道中はすったもんだ、レバノンには入国できずキプロスへ飛ばされ……当時のキプロス大統領マカリオス大主教に直談判……ようやく故郷訪問を果たしたとの武勇伝を懐かしそうに語ってくれた。聞き手はつい「映画みたいですねえ」と合いの手を入れた次第なのだが、次の瞬間思いがけず返ってきたのが冒頭のドン・アントニオの台詞であった。

© YIDFF／JURY FAMILY

© YIDFF／JURY FAMILY

こちらは耳を疑い、よくよく質してみれば「映画」とは武勇伝の映画化ではなく一九四九年にジュリ一家が里帰りした折のフィルムだという。「そんな貴重なものがあるならなぜもっと早く教えてくれなかったの！」といささかむくれそうになったくらいだが、映画と言われては聞き捨てならぬ。アイダさんのお兄さん宅に16ミリフィルムが保管されていることまでは確約を得た。

あいにくこちらは間もなく東京へ戻らねばならない。ところが後を託すに絶好の人がいるのを思い出した。山形国際ドキュメンタリー映画祭事務局（現・東京事務局長）の濱治佳さんがラテンアメリカのドキュメンタリー事情を学ぶためメキシコシティにしばらく滞在することになっていた。そこで到着したばかりの彼女を早速呼び出し万端相談すると、何と彼女がこれから厄介になるメキシコ国立映画館 Cineteca Nacional がちょうど一般家庭に眠っている8ミリフィルムなどの無料修復とアーカイブ化を進めていることが判明。これは渡りに船以外の何者でもない。

こうして筆者から濱さんへ、濱さんからシネテカの文化遺産課（Area de Acervos）へと話をつないでもらい、みごと甦ったのが「レバノン１９４９」である。「ミゲルとハリル」に引用した当時の雑誌『エミール』の動静欄にも一家の里帰り旅行と「フィルム持参で出立したネイフ氏」は報じられていたものの「映画」の続報は見当たらず、ネイフ氏が実際に撮影現像を敢行し、しかしそのフィルムは長男の家に残され眠ったままとは思いもよらなかった。すべてはここぞという時と処に居合わせて下さった関係者各位のお蔭である。

●資料…映画作品データ　イスラーム映画祭 ARCHIVE 2015-2020 より

ベイルート - ブエノス・アイレス - ベイルート

Beirut - Buenos Aires - Beirut

二〇一二年／アルゼンチン／スペイン語、アラビア語、英語／84分

監督・脚本：グレイス・スピネリ、エルナン・ベロン

撮影：ロレーナ・フェルナンデス、エルナン・ベロン

音楽：フアン・パブロ・メンドンサ

出演：グレイス・スピネリ、アントワン・ヘルウ、ハーディー・ザッカーク、ムハンマド・ユースフ・シート・アブー・アリー

日本語字幕：玉川千絵子

スペイン語監修：飯島みどり

アラビア語監修：佐野光子

初公開：映画会議「Beirut - Buenos Aires - Beirut」（東京外国語大学、二〇一二年）

映画のポスター

●story ある日グレイスは大伯母から、彼女の父（曾祖父）が家族を置き去りにして、アルゼンチンではなく故国レバノンで他界したことを聞かされる。

大伯母とその兄弟姉妹は怒り、父との関係を絶ったようだが、レバノンには、自分たちの知らない父の別の家族がいるはずだと、グレイスに父がレバノンから送ったアラビア語の手紙を渡す。

やがて大伯母が亡くなり、その死に突き動かされたグレイスは、曾祖父の人生を追ってみようと思い立つ……。

●notes 本作は、48分のアル・ジャジーラ放送版（英語字幕付）であればYouTubeで視聴することができます。いつか南米映画を上映したいと思っていたところ、この動画を見つけました。

そして調べるとかつて84分の全長版が東京外国語大学で紹介されていたことがわかり、そこから本作を作ったグレイス・スピネリ氏とつながって上映がかなうことになりました。

ブエノス・アイレスに暮らすレバノン移民の末裔の女性グレイス氏が、アルゼンチンではなくレバノンで他界した曾祖父の足跡を追う旅を描いた本作は、ブエノス・アイレスに上陸し、アルゼンチンで移民として生き、そしてレバノンへ帰る彼女の曾祖父、ムハンマド氏の人生そのものをタイ

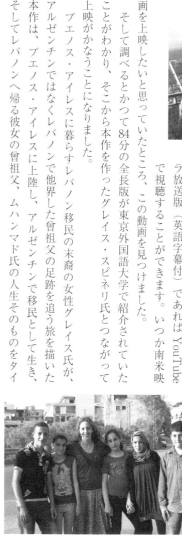

トルにしています。

ムハンマド氏は、20世紀前半にレバノンからアルゼンチンへ移り、60歳の頃帰郷、内戦（1975～1990年）の最中に98歳で亡くなりました。

帰郷はブエノス・アイレスで妻が亡くなってからのことでしたが、彼が子どもたちを置いてまでレバノンに帰りたかったその理由は、生まれた地でイスラーム式の埋葬をしてほしいという、ただそれだけでした。

映画は、ムハンマドが帰国後に再婚し、でも子どもは儲けなかった〝初恋の女性〟の話や、彼を慕う姪のカリーメがアルゼンチンに出し続けていた手紙の話を交えながら、グレイスが曽祖父の故郷、イスラエル国境に近い南レバノンのクファルキラ村に住む彼の子孫とその家族（つまり親戚）に少しずつ近づいてゆく様子を追いかけます。

そしてその子孫、カリーメの息子との邂逅で映画はクライマックスを迎え、ついに1万キロ以上離れて暮らしていた二つの家族がつながるのです。

〝新しいいとこ〟として温かく迎えられたグレイスが、カリーメの息子に手紙を渡すシーンに胸が熱くなります。それは彼にとって、記憶にない母の唯一の形見……。たった1人の人間の〝血〟のルーツをたどる旅に壮大なロマンと人類の歴史を感じる、感動のファミリーヒストリーです。

（藤本高之）

ブエノスアイレス、ＷＨＹ？
——Beirut-Buenos Aires-Beirut に寄せて

『アレキサンドリアＷＨＹ？』（一九七九）——エジプト映画界の巨匠ユースフ・シャヒーンに倣い、ブエノスアイレス、ＷＨＹ？　と問うてみよう。そう、ここはイスラーム映画祭と銘打つ場。ベイルートはともかく何故ブエノスアイレスなのか？

　中東とラテンアメリカとには何か相通ずるものがある。言語と宗教の一体性。言語でいえばアラビア語とスペイン語。むろん中東はアラビア語一色の世界ではない。ラテンアメリカも先住民諸語の現在《プレゼンス》はもとより、植民地宗主国の顔が独立後の公用語を左右し、カリブ海まで視野に入れると事は錯綜を極める。それでもスペイン語の汎用性は高い。

　イスラーム映画祭は中東映画祭ではない。インドネシアが世界最大のムスリム国家である事実からそれは明白である。ムスリム間の宗派の違いはしばしば対立の口実に使われる。ラテンアメリカでは征服者の宗教カトリックが依然支配的だが、実は一九七〇年代以降エバンヘリコと呼ばれる新興セクトの抬頭が著しい。それでも、言語そして宗教の求心力は両地域に生きている。日本からはいずれも「遠い」と思われがちなのも共通項だろうか。

両者が通じ合うのはおそらく、互いを繋ぐ歴史にも起因する。たとえばスペイン一の名勝アルハンブラ宮殿はイベリア半島がアル‐アンダルス（「アンダルシア」の語源にして一四九二年以降は「失楽園」をも含意する）と呼ばれた時代を今に伝える。イスラーム文化の得意とする建築内装技術の粋がここに開花し、スペイン語はこの分野を中心にアラビア語から膨大な語彙を吸収。スペインが大西洋の彼方に植民地を確保するとアラブの詩人たちは彼岸に瞬く新アル‐アンダルスにも望郷の念を捧げた。「第三世界」が輝いていた時代には、グーグルやＳＮＳに頼らずとも両地域の連帯は今日よりずっと熱かった。

何かしら似通う歴史の深みから **Beirut-Buenos Aires-Beirut** へと目を転じよう。主人公グレイスが家族の秘密に目覚めるのは二十一世紀幕開け直後、一九七一年に彼女が生を享けた国は史上何度目かの経済危機に直面し政治家たちは総スカンを食らっていた。庶民はなけなしの貯金を封鎖され、若者は職を求めハローワークならぬ欧州諸国領事館の前に列を成した。

独立後、広大な土地を持て余すアルゼンチンは欧州からの移民を呼び募る。「南半球から初めて」選ばれたと話題のローマ教皇フランシスコも種を明かせばイタリア系２・５世にすぎない。祖父母のうちに広義の欧州出身者のひとりもいない者などブエノスアイレスでは見つける方が難しく、４人の出自がバラバラであろうとおかしくない。幾筋もの流れが海と見紛うラプラタ河を形づくるように、自己の源をＡ国とＢ国の二者に引き裂かれる必要はそこにない。

折しもEUは加盟国を十五に増やし、シェンゲン協定発効（一九九五）とともに域外への壁を高めつつ域内移動は楽になった。祖父母が旅券保有者なら孫の国籍取得に断然有利とあって、若者たちは欧州への脱出《エクソダス》に未来を託したのである。日本でも公開された『僕と未来とブエノスアイレス』（ダニエル・ブルマン監督 二〇〇三）ではユダヤ系の主人公がポーランド領事を説得しようと奮闘してみせる。

グレイスも失職。岐路に立たされるなか、亡くなった大伯母の残したアラビア語の手紙や古い写真、あるときテレビから流れてきたアザーンになぜか突き動かされた自分自身が気になり出し、それまで家族内のタブーだったレバノン出身の曾祖父に迫ろうと決意する。「失業して暇だったから」——初対面の筆者に軽やかな笑みを向け、そう彼女は切り出した。

十九世紀後半から第一次大戦期にかけ米州へはオスマン朝の版図からも新天地《アメリカ》を求める移民が押し寄せた。帝国として独立したブラジルの場合、一八七〇年代に入り皇帝ペドロⅡ世が移民勧誘のため現在のエジプト、シリア、レバノンを歴訪。カルロス・ゴーンが誕生するのは皇帝の営業の賜だったかもしれない。アラブ移民の存在はG・ガルシア＝マルケスの中編『予告された殺人の記録』（一九八一）を通じ日本の読者にもつとに知らされてあった。

筆者は二〇一〇年グレイスと偶然知り合う。ブエノスアイレス逗留中、下宿先の家主に紹介された彼女は既にアル‐ジャジーラからドキュメンタリー企画への支援を取りつけ、アルゼンチン側での調査・撮影をほぼ終えかけていた。だが身内の調査にも関わらずムスリムの曾祖父は企画の歩みに影を落としていた。映画冒頭にある通りアラビア語を解さぬアルゼンチン官憲が下船客の姓名を恣意的に翻訳することなど珍しくなく、記録の確認すら容易ではない。加えて「シリア・レバノン系アルゼンチン人の大半はキリスト教徒なので、曾祖父が例外だと知ると相手の笑顔がすっと消える」経験を繰り返したという。

なるほど中東＝イスラームではない。三大一神教の故地たる地中海東岸地域には長らくキリスト教徒もユダヤ教徒も住み続けてきた。アラブの民であったりイベリア半島から中世スペイン語を背負い転住してきたセファルディであったりユダヤ教徒も一様ではない。ラテンアメリカに渡ったオスマン朝臣民たちは俗にトルコ人と呼ばれるが、一九一二年のある史料によればアルゼンチン在住トルコ人の8割がキリスト教徒、15パーセントがムスリム、残る5パーセントがユダヤ教徒だった。困ったことにキリスト教会のうちレバノン山地への布教に功のあったマロン派はレバノン国家と強固に結びついており、傍目には「マロン派にあらずんば……」と映りやすい。従って、現在の国境線でいえばレバノンを故郷とする者でもムスリムとなるとアルゼンチン社会では変わり種と見られ、シリア・レバノン系の同胞とも距離が生ずる。

アルゼンチンの現地事情がさらに作用する。ムスリムの語に多くの人がまず想起するのは間違いなく元大統領（一九八九～九九）カルロス・サウル・メネムその人。二十世紀初頭シリアからアルゼンチンへ移住したムスリムの両親の下、彼は一九三〇年ラ・リオハ州に生まれた。本人もムスリムだったが政治を志して早々にカトリックへと回宗したらしい。アルゼンチン憲法は一九九四年まで正副大統領にローマ・カトリック教徒であることを課していた。ムスリムのままでは大統領になれなかったはずの彼は、現在も上院議員の職にある。

しかしメネム政権は新自由主義の波に乗って公共部門をことごとく民営化し、汚職の蔓延と世紀末の経済破綻を招いた。一九九二年に起きたイスラエル大使館爆破事件（死者22名）、九四年のＡＭＩＡ（イスラエルの民互助協会）爆破事件（同85名）は首都中心部を震撼させたが、真相はろくに解明されず、メネム自身が犯人隠蔽工作に関与したとして訴追される（二〇一九年二月無罪宣告）。ユーゴ内戦に便乗しての武器密輸、資金洗浄、婚外子の認知ほか彼はスキャンダルに事欠かないが、長男の死に比べればモノの数にも入るまい。一九六六年に結婚したやはりシリア系二世のムスリマ、スレマとの間に生まれたカルロスJr.が九五年ヘリ墜落事故で即死、ところが「息子は暗殺された」とスレマが主張したことから大統領夫妻は決裂、離婚する。この事件も利権絡みで父が間接的に息子を殺したと噂され、「ムスリム一族」の内紛としてメディアを賑わせた。「アラブ系初の大統領」は回宗後も残念ながらムスリムの評判を下げることに寄与してしまっている。

メネム夫妻の次に名を馳せた「ムスリム」はモハメド・アリ・セイネルディン大佐だろう。ブラジル、ウルグアイを経て一八九〇年アルゼンチンに定着したドルーズ派の父を持つ彼もカトリックに回宗するが、武勇に長けるドルーズの精神から軍人を志したという。その名が轟くのはアルゼンチン軍がマルビナス戦争（一九八二）に敗れ民政移管を余儀なくされて数年後のこと。軍事政権（一九七六〜八三）の人権犯罪を裁こうとする文民政権に不満を抱く一部将校が兵営蜂起を繰り返すようになる。軍政とは一線を画しながらマルビナス戦争の初動作戦に成功したセイネルディンは文民政権発足当初こそ地歩を固めたものの、八八年、九〇年と二度に亙り蜂起を指揮し、軍政への逆戻りを恐れる世論の反発を買った。もはやムスリムではないはずの彼にも、ドルーズの出自がキナ臭さの痕《スティグマ》として常につきまとった。

アルゼンチンのムスリムとしては、フェルナンド・Ｅ・ソラナス監督のプロデューサーであるエンバル・エル＝カドリも挙げておきたい。レバノンから一九三〇年代初頭アルゼンチンへ渡った父を持つ彼は、ペロン党右派のメネムとは逆に最左派を率い、六〇年代は専らゲリラとして活動、七五年パリに亡命した。七六年以降パリは反軍政派の一大拠点と化し、『タンゴ――ガルデルの亡命』（一九八五）が生まれるのであった。

イスラモフォビアが世界的現象となる以前からアルゼンチンではメネムが悪名を馳せてしまったわけだが、二〇〇六年以降の中東情勢はシリア‐レバノン系三世以下の世代に改めて覚醒を促してもいる。グレイスが南部国境近くの村まで困難な取材を敢行し得たのもその帰結であろうし、貴重な資料として大切にしてきた手紙を彼女が差出人の息子に譲る場面はもはや親族の絆を越えた意味を放っている。

ラテンアメリカに生きるユダヤ系の人々にも触れたかったが生憎その紙数は尽きた。グレイスの旅を手がかりに、中東とラテンアメリカとが一四九二年以来五世紀どころかアル‐アンダルスを介し千年以上の縁《えにし》を結んできた歴史の一端に触れていただければ、作品完成を見守ってきた友人としてこれに優る喜びはない。

【追記】

Carlos Saúl Menem (1930-2021.2.14.)

Mohamed Alí Seineldín (1933- 2009)

Envar El Kadri (1941-98)

〈編・著・訳者略歴〉

飯島みどり〈いいじま みどり〉

1960年東京生まれ。ラテンアメリカ近現代史。立教大学教員。

訳書にサルマン・ラシュディ『ジャガーの微笑――ニカラグアの旅』、ロケ・ダルトン他『禁じられた歴史の証言』（いずれも現代企画室）、歴史的記憶の回復プロジェクト編『グアテマラ　虐殺の記憶――真実と和解を求めて』（共訳、岩波書店）、ダニエル・エルナンデス - サラサール写真集『グアテマラ　ある天使の記憶』（編訳、影書房）、エドゥアルド・ガレアーノ『スタジアムの神と悪魔』、『火の記憶　1・2・3』（いずれもみすず書房）、アリエル・ドルフマン『南に向かい、北を求めて――チリ・クーデタを死にそこなった作家の物語』（岩波書店）ほか。

シルアン・ムウシ　**Siluan Muci**

レバノン・シリアを出自とする両親の下、1967年ベネスエラ北部マラカイ市に生まれる。ベイルートのサン・ジョゼフ大学で工学を、ギリシアのテッサロニキ・アリストテレス大学で神学を修める。1996年以降聖職の道に入りラタキア、アレッポ、シドニーなどへ赴任。2006年ギリシア正教会アンティオキア座アルゼンチン大主教区の府主教に任ぜられる。2018年レバノンのビブロス、ボトリスなどを統括するマウント・レバノンの大主教区へ転任。説教集を始めとするスペイン語の著作多数。

エドゥアルド・ハルフォン　**Eduardo Halfon**

1971年グアテマラ共和国グアテマラ市生まれ。祖父の誘拐事件を機に一家で渡米。ノースカロライナ州立大学工学部卒。2007年ヘイ・フェスティバル（ボゴタ）主催「39歳以下のラテンアメリカ中堅作家39名の集い」に招かれる。グアテマラやニューヨークの大学で文学を講じつつ創作に従事。代表作『ポーランドのボクサー』（2008　邦訳・白水社）、『父の言う「明日」はついぞ来ない』（*Mañana nunca lo hablamos,* 2011）、『修道院』（*Monasterio,* 2014）、『ホフマン氏』（*Signor Hoffman,* 2015）、『決闘あるいは喪』（*Duelo,* 2017）、『カンシオン』（*Canción,* 2021）、など。2015年仏ロジェ・カイヨワ記念ラテンアメリカ文学賞、2018年グアテマラ国民文化賞を受賞。スペイン、米国、フランスなど各地で執筆活動を展開し、現在はベルリン在住。

おけるワクチンの開発生産普及を推進するという。感染症を奇貨とする更なる事業拡大に成功するのだろうか。

翻って彼らの故郷には御難が続く。科研調査の始動後間もなくシリアは「内戦」に陥った。本文にはほとんど触れられなかったがチリや中米の「トルコ人」たちはパレスティナを出自の地とみなし――チリにはプロ・サッカーチーム「パレスティノ」まで存在する――パレスティナ現地そして難民たちの窮状は脳裡を離れない。昨年夏の宵、突然の爆発事故に見舞われたベイルートにあって移民像は無事だった。それは希望と映るか、それとも皮肉と映るか。

希望か皮肉かは未だ判じ難いが、象徴的なその像を表紙に登場させてみた。裏表紙の写真はメキシコ国立自治大学名誉教授カルロス・マルティネス＝アサド博士の御厚意による。末筆ながら、講談付き「レバノン１９４９」上映の主役たる宝井琴柑さんは真打ち昇進を果たし、現在は宝井琴鶴を名乗っておられることも感謝とともに御報告しておく。難局にも関わらず融通を利かせてくれた影書房・松浦弘幸、吉田康子の御両人に本書がこれ以上頭痛の種とならぬことを今は祈るばかりである。

二〇二一年十月

編者

だが待てよ。これは日本語社会の住人の耳目に改めて断わりもなく「トルコ人」が飛び込んでくる機会の到来を意味してはいまいか。とすればその意味の「トルコ人」を書名に掲げる本の一冊くらい流通しても罰は当たらないのでは。かくして本書は「トルコ人」を看板に掲げることとした。アタテュルク以降のトルコを期待された向きには御寛恕を乞う。

ちなみに「トルコ人サファ」は物語から早々に落伍する。まさかそれはアルゼンチン社会における「トルコ人」の暗喩であろうか。いや機を見るに敏なサファはきっとブラジルあたりへ転住し、さっさと成功しているに違いない。

「トルコ人」たちは概して商才に長け、社会的上昇も速いと言われる。だが皆が皆成功するとは限らず、皆が皆「表社会の正道まっしぐら」に生きるわけでもない。本書に幾度も言及したカルロス・スリムとて、その後は世界長者番付の順位を落とすばかりかカルソ・グループとして食い込んでいたメキシコシティ新国際空港建設計画が二〇一八年十月には頓挫、さらに二〇二一年五月メキシコシティ地下鉄架橋崩落事故が発生、建設企業として責任を問われかねない立場にある。一九七〇年代〝汚い戦争〟期の内務省連邦公安局に籍を置いていた長兄フリアンの影もつきまとう。

奨学金給付や教育研修事業提供を眼目として一九八六年に発足したカルロス・スリム財団はソウマヤ・ドミの病没後、医療・臓器移植分野に進出。コロナ禍のもとではアルゼンチンのユダヤ系実業家（前掲映画のプロデューサーでもある）ウゴ・シグマンと連携しラテンアメリカに

あとがき

書名をさて、どうしたものか。

翻訳を含む拙稿を軸に一巻を成り立たせるべき事態に至り、はたと困惑した。自前の書名など構想していなかった。網羅的構成を採れない以上、看板と内容が噛み合わなくなる愚は避けたいが、あまり限定的なのも夢がない。

思案のさなか某アルゼンチン映画が東京で封切られた。群像劇の始まりに「エル・トゥルコ・サファ」が顔を出す。トルコ人サファ。田舎町の雑貨店を営むこの人物こそ間違いなく我らが主人公（?）のシリア - レバノン系アルゼンチン人。画面には「トルコ人」の四文字が並び、字幕翻訳者に筆者はいたく同情した。おそらく日本の一般観客はアルゼンチンの片田舎に突如出現する「トルコ人」を不審に思うであろう。書物の翻訳と違い字幕翻訳は字数が著しく制限され、註の付しようもない。技術的には可能なルビ打ちも瞬時に字幕を読まされる観客の目には煩わしい。音声上「トルコ人」なのにまさか字幕を「レバノン系」だの「シリア系」だのと置くわけにもゆくまい。そもそも観客には意味不明なだけだろう。

ENTRE MEDIO ORIENTE Y AMÉRICA LATINA:

Un Siglo y Medio

de los "Turcos"

In Memoriam

Patricia Jacobs Barquet (1945-2014)

Vicente Rojo (1932-2021)

ÍNDICE

AGRADECIMIENTOS

≪ **México** ≫

Archivo Libanés de México
Biblioteca Daniel Cossío Villegas (COLMEX)
Biblioteca Miguel Lerdo de Tejada
Biblioteca Nacional
Cámara Nacional de Industrias Cinematográficas (CANACINE)
Catedral San Jorge
Mnsr. Ignacio Samaán
Centro de Documentación (Cineteca Nacional)
Centro Libanés
Cineteca Nacional
Eduardo del Río
Martha Díaz de Kuri
Juan Negib Farah Buere
Iglesia Maronita
Mnsr. George Saad Abi Younes
Nizar Issa
Bárbara Jacobs Barquet
Patricia Jacobs Barquet
Aida Jury de Saad
David Maawad
Carlos Martínez Assad
Rosa Nissan
Camila Pastor
Elena Poniatowska Amor
Antonio Saad
Maruan Soto Antaki

≪ **Guatemala** ≫

Eduardo Halfon
Daniel Hernández-Salazar

≪ **Panamá** ≫

Mauricio Boulos Matuk

≪ **Colombia** ≫

Berenice Arteta Dávila
Milena Gómez Kopp

≪ **Ecuador** ≫

Alejandra Adoum
FLACSO-Ecuador
Amparo Menéndez-Carrión
Sham Café & Delicias Árabes

≪ **Perú** ≫

Renata Meyer
Luis Millones

≪ **Chile** ≫
Lorenzo Agar Corbinos
Centro de Estudios Árabes
(Universidad de Chile)
Eugenio Chahuán Chahuán
Club Sirio Unido
Federación Palestina de Chile
Iglesia Católica Ortodoxa
Padre Francisco Salvador

≪ **Uruguay** ≫
Susana Mangana

≪ **Argentina** ≫
Asociación Cultural Siria
Abraham Camilo Brahim
Catedral San Jorge
Mnsr. Siluan Muci
Padre Atanasio Salhany
Catedral San Marón
Centro de Estudios Migratorios
Latinoamericanos (CEMLA)
Facundo Cersósimo
Confitería Armenia
Confitería Damasco
Ester El Kadri
Esquina del Fatay
Lorena Fernández
Cecilia Ferroni
Zuhair Jury
Dallal Kabbass
Karina Keegan
Ignacio Klich
Mezquita At-Tauhid
Adnan Hawze
Diran Sirinian
Graciela Verónica Spinelli
Alberto Tasso

——— * ———

Takayuki Fujimoto (IFF)
Haruka Hama (YIDFF)
Hatsuyo Kato (YIDFF)
Kaoru Kobori
Sung-chul Suh

MÁS ALLÁ DE LA SANTA TRINIDAD:

Bicentenario y la emergencia de nuevas identidades en América Latina

(versión revisada y aumentada de la presentación del viernes 26 de abril de 2013 en International Conference "The Identities of Latin American Societies and Integral Globalization" organized by Institute of Iberoamerican Studies, Busan University of Foreign Studies, Busan, Republic of Korea, April 26-27, 2013)

I. El fenómeno "Turco"

De acuerdo con el tema de este Congreso académico, titulé mi presentación como lo siguiente: Más allá de la Santa Trinidad. La Santa Trinidad en este caso quiere decir el triángulo típico bien conocido acerca de la población latinoamericana: blanco (o europeo, notoriamente español o portugués), indio y negro. Son tres elementos fundamentales de cuya combinación derivan varias "castas", entre ellos, el mestizo. El título "Más allá de la Santa Trinidad" entonces trata de mostrar otros elementos o vehículos de las identidades actuales en América Latina.

Para darles una idea, vamos a pasar unas imágenes. **[fotos 1-8]**

Caras quizás muy conocidas entre nosotros los interesados en América Latina. ¿Cuál es el eje común? Todos son los llamados "turcos". Evidentemente merece llamarse "un fenómeno", el fenómeno "Turco". La siguiente pregunta es: ¿Quiénes son los turcos?

Obviamente no se refiere a los turcos de la Turquía moderna.

En el contexto latinoamericano, el término "turco" se emplea como una denominación general para el pueblo oriundo del Levante, los que portaban pasaporte o documento emitido por parte del Imperio Otomano al llegar a las costas americanas de finales del siglo XIX hacia los años 1920-30. En otras palabras, los sirio-libaneses, palestinos, a veces armenios también. Además, hay que tener en cuenta de que entre judíos hay judíos de origen sirio, especialmente de Alepo, ciudad que hoy en día lamentablemente se encuentra bajo una guerra sangrienta. Esos judíos alepinos inclusive hablaban el idioma árabe en su tierra. Son judíos árabes. O sea, estos dos términos no siempre están condenados a ser antagónicos.

Todo esto que vemos aquí, a decir verdad, NO es nada nuevo. Basta citar algunos nombres. Primero, Julio César Turbay Ayala, presidente de Colombia (1978-82). El secuestro de su hija Diana fue registrado por el pincel del nobel Gabriel García Márquez en forma de la espléndida crónica titulada *Noticia de un secuestro*. El clan Turbay es indudablemente uno de los precursores turcos en la arena política latinoamericana. Luego, Carlos Saúl Menem, otro nombre muy sonado en la política por ser peronista camaleónico. Hace poco (en marzo de 2013) la Cámara Federal de Casación Penal argentina lo declaró culpable por el contrabando de armas en los años 90.*[1]

En Centroamérica tenemos otro ejemplo casi parecido al chiste. Cuando la presidencia de El Salvador se disputaba en 2004 entre dos candidatos, el legendario comandante guerrillero Jorge Schafik Handal (FMLN) y un relativamente joven

empresario Elías Antonio Saca (ARENA), el público plebeyo, es decir, mis amigos y yo no necesariamente lo calificamos como la lucha entre izquierda y derecha sino lo achacamos a otra razón. Según lo dicho por el escritor Horacio Castellanos Moya, "Ah, es un pleito entre los turcos." Por si fuera poco, al inaugurar la Plaza Palestina en medio de la campaña electoral, monumento-homenaje al pueblo palestino, ubicada en la privilegiada Colonia Escalón de la capital salvadoreña, los dos candidatos rivales lucían conjuntamente sus nombres, aunque no digamos "tomadas de mano", uno a la izquierda y otro a la derecha, en la placa que abraza la causa palestina.

En fin, repito, el fenómeno NO es nada nuevo. No obstante, estas dos últimas décadas los colocan a "los turcos" en el estrato social mucho más visible que los años anteriores, probablemente debido a su rápido ascenso en la sociedad anfitriona, sobre todo en Brasil, México, Argentina, Chile, Colombia y Venezuela..... en algunos casos son "celebridades".

Personalmente me ha tocado a mí ser testigo de dicho fenómeno emergente en varias ocasiones. El caso más impresionante toma la figura de una estatua gigante del "Emigrante Libanés". Fue un día de septiembre del año 2008 durante mi usual estadía en la Ciudad de México. Caminando sobre Insurgentes, la avenida más importante de la ciudad capital, de repente me topo con un hombre de turbante, bolsa en su hombro. [**fotos 9-11**: estas fotos las tomé nuevamente en 2010] Emocionada, a la vuelta a Tokio, inmediatamente se lo conté a un amigo experto de la historia de Líbano y Siria. Su

reacción sobrepasaba lo que uno se imaginaba. Me reveló medio sorprendido y medio entusiasmado, "Pero ¡¡¡tenemos la misma estatua en el puerto de Beirut!!!"*2 La coincidencia le empujo a mi amigo a organizar un proyecto de investigación "El espacio creado por los sirio-libaneses en el mundo: confesionalismo, clientelismo y sociedad civil" y afortunadamente conseguimos el fondo de la Sociedad Japonesa de Promoción Científica, entidad dependiente del Ministerio de Educación, por 4 años (2009-2012). Así oficialmente comenzamos a curiosear el por qué del fenómeno "Turco".

II. Del Quinto Centenario al Bicentenario

En esta presentación, mi intención no es hablar únicamente de los "turcos" sino también como demuestra el subtítulo, llamar la atención a la emergencia de otras nuevas identidades a la vez. Antes de explorar el tema, en esta sección revisemos rápidamente el contexto: ¿Qué cambios habrá experimentado América Latina en estos últimos veinte años? Simbólicamente esos veinte años corresponden al período "Del Quinto Centenario (1992) al Bicentenario (2010)*3".

1) La violencia institucionalizada.

El militarismo, las Fuerzas Armadas, aparatos de seguridad como los entonces llamados Escuadrones de la Muerte, los enfrentamientos entre el Estado y organizaciones armadas antirégimen y un largo etcétera arrasaron cruelmente la región durante décadas hasta finales de los años 1980 o principios de los 1990 cuando por fin comenzaran la transición y la

"democratización". Hoy en día casi no vemos la viabilidad, sin descartar que en la vida humana siempre haya casos excepcionales, de que mañana ocurra algún golpe de Estado en équis país latinoamericano. La cuestión de seguridad se ha calmado significativamente aunque no nos olvidemos de México y Centroamérica cuya población sigue padeciendo la violencia NO institucionalizada sin freno, de "todos contra todos".*[4]

2) La política como juegos civilizados.

El autoritarismo cedió paso a la democracia. De ese punto podemos más o menos estar de acuerdo. En este momento dejemos de lado la cuestión de cómo demarcar entre democracia y populismo.

3) La economía.

En los años 1980, América Latina era sinónimo de la deuda externa. En consecuencia, la región se convirtió gracias a la mano invisible de Dios en el laboratorio donde justamente comenzó a aplicar el ajuste estructural y la política neoliberal. Mientras persisten la pobreza, la indigencia, el éxodo de jóvenes mexicanos y centroamericanos hacia la zona dólar, estos días el mundo está ilusionado de una nueva bonanza en el Sur (aparentemente Brasil, Perú, Bolivia, y durante un determinado tiempo, Venezuela).

4) El reconocimiento de lo silenciado.

Las víctimas de genocidio reivindican cada vez más sus derechos y memorias. Sin duda, es un logro histórico a través del debate en torno al Quinto Centenario. Los afrodescendientes

exigen sus cuotas sobre todo en lo cultural y lo académico. Por ejemplo, en un país como México donde la ideología oficial del mestizaje reinaba unilateralmente en la esfera nacional, se ven esfuerzos por reconocer su TERCERA raíz. Entre los mexicanos común y corrientes, se detecta últimamente la moda de poner el nombre náhua a sus hijos y no es extraño encontrar en la zona urbana mexicana del siglo XXI a niños y adolescentes llamados Xochitl, Citlali, Tonatiuh, etc. Varias décadas después de su bautizo como primogénito del General Lázaro Cárdenas, el niño Cuauhtémoc deja de ser solitario.

III. Identidad en ida y vuelta

Los cambios arriba mencionados no garantizan que durante todo este tiempo América Latina hubiera vivido feliz. Claro que tuvimos incidentes críticos tales como la dolarización de la economía en Ecuador y El Salvador. Los ecuatorianos se refugiaron masivamente en España, un hecho tristemente comprobado en un 11-M de 2004 tras los atentados en Madrid. Con el avance de la identificación de cadáveres se supo que entre las víctimas uno de los grupos mayoritarios lo formaban los sudamericanos.

Por otra parte, la crisis bancaria visibilizada a lo largo y ancho del planeta por el efecto "corralito" desató en Argentina al filo del siglo, una oleada de jóvenes desesperados quienes recurrieron al consulado de cualquier país europeo con el pasaporte andrajoso de su abuelo o abuela en la mano. Un "boom" de recuperación o resucitación de una vieja (¿nueva?)

nacionalidad o identidad. Hace cien años, vinieron los abuelos, buscando fortuna, probando suerte, a la tierra entonces Prometida. Un siglo después los nietos tratan de sacar del baúl su identidad empolvada. Del estilo muy propio lo capta el trabajo genial de Daniel Burman, cineasta argentino consciente de su origen judío, *El abrazo partido* (2003). A estas alturas de la historia, la identidad que una vez se vino al Sur eventualmente vuela y vuelve al Norte.

Quizás la muestra más elocuente de la "identidad en ida y vuelta", idea que propongo en esta ocasión, sería la experiencia de los "neo-criollos". Me refiero a los hijos y nietos de "republicanos", refugiados o exiliados español-catalán-vascos. Sea cual fuere su nombre, según mi observación son gente por lo general políticamente muy despierta. Tras la derrota de la Segunda República Española, los republicanos se instalaron en México, Argentina, Chile, Cuba y demás ex-colonias ibéricas. Dado que buena parte de ellos eran intelectuales, su contribución en el campo educativo, literario y cultural ha sido enorme. En un sentido metafórico, se convirtieron en nuevos conquistadores. Sus hijos, los "neo-criollos" arremetieron a su vez en los años 1960-70 contra gobiernos autoritarios, regímenes militares y la revolución traicionada. Algunos se metieron en la guerrilla, otros tuvieron que exiliarse irónicamente en la España posfranquista. Ahora, cuando se retiran los militares, ¿volverán ellos al Sur? Por supuesto, cada uno toma su decisión muchas veces dificilísima. Lo cierto es que su identidad se queda en ambos lados del Atlántico. Aunque no

es caso típico, me gustaría nombrar al escritor mexicano Paco Ignacio Taibo Ⅱ, como uno de los neo-criollos más destacados.

IV. Emergencia de nuevas identidades

Ahora pasamos a reflexionar por qué están emergiendo nuevas identidades en América Latina. Desde mi punto de vista, son algunos factores, a saber:

1) La desaparición física de la primera generación de los inmigrantes llegados desde finales del siglo XIX hacia 1920-30s inquieta a sus descendientes quienes se dan cuenta de la necesidad de conservar la memoria y de otorgar un reconocimietno a su origen.
2) Los exiliados políticos se enfrentan al reto de "quedarse o repatriarse" tras la "democratización". Paralelamente existe una fuerte resonancia entre la cuestión de la Memoria Histórica latinoamericana y la española.
3) La democracia desmoronada en todos los rincones del mundo genera la crisis de la representatividad. Cuando uno busca mejores maneras de participación política, no puede evitar preguntas como "¿Quién soy?" "¿A qué comunidad pertenezco?"
4) Sin duda alguna el avance de la tecnología posibilita, hasta cierto punto, una canalización semidirecta de 24 horas con los asuntos lejanos.
5) Historias íntimas que descubren a sus narradoras idóneas, herejes en doble sentido por ser NO masculinos NI genealógicamente católicos. Me limito a mencionar dos

nombres: Rosa Nissan, autora de *Novia que te vea*(1992), una novela parteaguas que logró hacerle a la sociedad mexicana "descubrir" la presencia judía sefardita mientras otra escritora ya veterana, Margo Glantz, representa lo askenazí en México. Aparte, quisiera agregar el nombre de Bárbara Jacobs, también mexicana pero hija de libaneses, reconocida crítica literaria y guardiana de Augusto Monterroso.

6) En cuanto a los "turcos" hay que tomar en cuenta lo sucedido en el verano del año 2006. La invasión de Israel al sur del Líbano, furtivamente despertó angustia entre la juventud latinoamericana de ese origen. En México, algunos descendientes organizaron una manifestación en la Colonia Condesa, barrio emblemático del Distrito Federal, en contra de los ataques y bombardeos israelíes. Por pura casualidad, unos meses antes del mismo año erigieron la réplica gigante del Emigrante Libanés sobre la Avenida Insurgentes, de cuyo perfil ya mencionamos. Aprovecho el espacio para ilustrar otro aspecto del fenómeno "Turco" en Colombia. **[fotos 12-15]**
7) Como parte del festejo Bicentenario, ocasión oportuna de reflexionar su pasado republicano, por lo menos dos gobiernos del nivel capitalino conmemoraron y fomentan la multiculturalidad de sus ciudades. El gobierno de México, D.F. celebrando simultáneamente el Centenario de la Revolución Mexicana editó dos tomos voluminosos de lujo que ostentan los 25 grupos de inmigrantes. **[fotos 16-19]** En Buenos Aires observé hace apenas mes y medio (en marzo de 2013), la fiesta de colectividades en plena Avenida de Mayo, a pocas

cuadras de la Casa Rosada, oficialmente convocada por el gobierno de la Ciudad Autónoma en que participaron 34 o 35 de las llamadas colectividades. [fotos 20-28]

V. ¿Hacia tele-nacionalismo?

Si nos fijamos en el pragmatismo electoral, ya en 1990 se notaba claramente la influencia de la Diáspora en los asuntos "internos". Me acuerdo muy bien de que el entonces candidato presidencial haitiano Jean-Bertrand Aristide priorizaba sus giras más bien para fuera de la isla, a París, Montreal y Nueva York, concretamente con el fin de recolectar fondos para la campaña. Varios Estados entre ellos la República de Corea (Sur), a estas alturas permiten a sus ciudadanos NO residentes el derecho consagrado a voto en las elecciones presidenciales. En caso de El Salvador cuyo territorio es dividido internamente en 14 departamentos, el denominado Departamento 15 forma parte de la estrategia crucial mediante la cual el gobierno nacional quiere estrechar al máximo lazos con los Hermanos Lejanos, sus compatriotas residentes en Estados Unidos, y de ser así recaudar más remesas.

Estamos viviendo en una era en que cada vez cobra mayor fuerza el entrelazamiento de lo interno (inmigrante como ciudadano) y lo externo (emigrante como ciudadano). [fotos 29-33] Encima, es posible que los acontecimientos recientes como "La primavera árabe" o la crisis de euro conviertan de nuevo a América Latina en el refugio para todos. [fotos 34-35]

Como argumenta Benedict Anderson ¿pronto experimen-

taremos el tele-nacionalismo? Todavía es prematuro sacar conclusiones. En vez de concluir, quisiera compartir como ejemplo exitoso de un "turco más mexicano que cualquier mexicano", la imagen de San Charbel, un santo originalmente maronita, es decir, netamente libanés, un santo, sin embargo, emigrante libanés quien se naturalizó perfectamente en el suelo mexicano y segundo más adorado nada más que después de la Virgen de Guadalupe. [**foto 36**]

NOTAS POSTERIORES

*1 Cargo absuelto el 4 de octubre de 2018 por la misma Cámara Federal de Casación Penal.

*2 La estatuilla original diseñada y elaborada por el escultor Ramiz Barquet, tío de Patricia y Bárbara Jacobs Barquet, durante años tranquilamente ocupaba un rincón del patio del Club Libanés, México, D.F. En octubre del año 2003 la comunidad libanesa de México donó la estatua ya grande al puerto de Beirut. El 14 de enero de 2006 se inauguró una versión igual sobre la Avenida Insurgentes, a un costado del mismo Club Libanés. El 4 de agosto de 2020, el día en que la ciudad-puerto de Beirut sufrió una tremenda explosión, la estatua que se encontraba casi en el epicentro de la tragedia quedó intacta de manera milagrosa (foto de la portada de este libro) .

*3 Casi todos los países latinoamericanos sucesivamente cumplen alrededor del año 2020 sus primeros 200 años de vida independiente. México quiso adelantar la fecha a propósito del Grito

del cura Hidalgo (1810) y del inicio de la Revolución Mexicana (1910). Por otro lado, dentro del marco del festejo Bicentenario, en Argentina realizaron una película de coproducción con México, *El mural de Siqueiros* (Héctor Olivera, 2010), en que el actor mexicano de ascendencia libanesa Bruno Bichir encarna al polémico pintor David Alfaro Siqueiros. Y junto con Cristina Fernández de Kirchner, presidenta en turno del país austral, figuraba el nombre de Carlos Slim Helú en la lista de patrocinadores.
*4 La escalada violencia "institucionalizada" que emprende el llamado "crimen organizado" bajo la sombra de los militares y/o políticos corruptos, supera todo lo expresado en estas líneas. A pesar de la crisis de COVID el agravio se desenfrena en toda América Latina. Tampoco ya son sólo mexicanos o centroamericanos los que se lanzan al éxodo en este tercer milenio.

▲**1**　2012年3月『フォーブス』誌表紙を飾る「世界一の富豪」カルロス・スリム。

Carlos Slim Helú, el hombre más rico del mundo en la portada de *Forbes*, Vol.189 No.5, marzo de 2012.

▲**2**　「ニューヨークはスリムを愛す」メキシコ誌『キエン』2013年1月18日号112〜113頁。

"New York loves Slim", o sea Nueva York ¿es la capital del Imperio Slim?, en la revista mexicana *Quién*, Año 13 No.282, 18 de enero de 2013, pp.112-113.

▶**3**　ニューヨーク五番街その他のスリム資産。同前 117 頁。

Propiedades del magnate en la Fifth Avenue y otras, *Ibid.*, p.117.

▲4　メキシコシティ新開地プラサ・カルソに威容を誇る新ソウマヤ美術館。スリム一族の蒐集美術品を無料公開。設計は 2011 年当時スリムの婿だった建築家フェルナンド・ロメロ。

En México, D.F. el Nuevo Museo Soumaya en la Plaza Carso, urbanización recientemente desarrollada y bautizada por el homenaje del matrimonio Carlos-Soumaya, ofrece la exposición permanente de una colección lujosa de la familia, totalmente gratis. El diseñador de su monumental recinto es el entonces yerno del magnate, Arq. Fernando Romero.

▲5　新ソウマヤ美術館の隣に控えるスーパーマーケット「チェドゥラウイ」。大規模小売業を営むチェドゥラウイ一族はその本拠ベラクルス州ハラパから近年強力な全国展開を進める。メキシコ南東部では「チェドゥラウイ」がスーパーの代名詞になるほどの有力チェーン。

Amistad *baisana*. Al costado del Nuevo Museo Soumaya se encuentra esta megatienda Chedraui. La familia Chedraui, dueña de esta cadena comenzó a emprender su negocio minorista en Xalapa, Veracruz. En el sureste mexicano, el término Chedraui en sí es sinónimo de supermercado.

Quien Figura

Los círculos de Pepe Meade

José Antonio Meade es un funcionario apreciado por la clase política. De ser el secretario de Hacienda de Felipe Calderón (PAN) hoy se encarga de la diplomacia del gobierno de Enrique Peña Nieto (PRI). **Por Hanako Taniguchi**

FAMILIA

ABUELO

José Kuri Breña
Abogado y escultor

PADRES

María Kuri Breña
Pintora.

HERMANOS

ESPOSA

HIJOS

Luis Videgaray
Secretario de Hacienda.

Andrés Conesa
Director general de Aeroméxico.

Francisco González Díaz
Embajador de México en Alemania.

Andrés Manuel López Obrador

Agustín Carstens
Gobernador del Banco de México.

Alejandro Valenzuela

JOSÉ ANTONIO MEADE KURIBREÑA
Canciller mexicano

◀**6**　2012年メキシコ新政権の外務大臣に任命されたホセ・アントニオ・メアデ＝クリブレニャはレバノン系の母方祖父クリ＝ブレニャからクリ姓を受け継ぐ。メキシコ誌『キエン』前掲号42頁。

El flamante secretario de Relaciones Exteriores mexicano nombrado en 2012 se llama José Antonio Meade Kuribreña quien hereda un apellido libanés Kury o Kuri, de su abuelo materno. *Quién*, Año 13 No.282, 18 de enero de 2013, p.42.

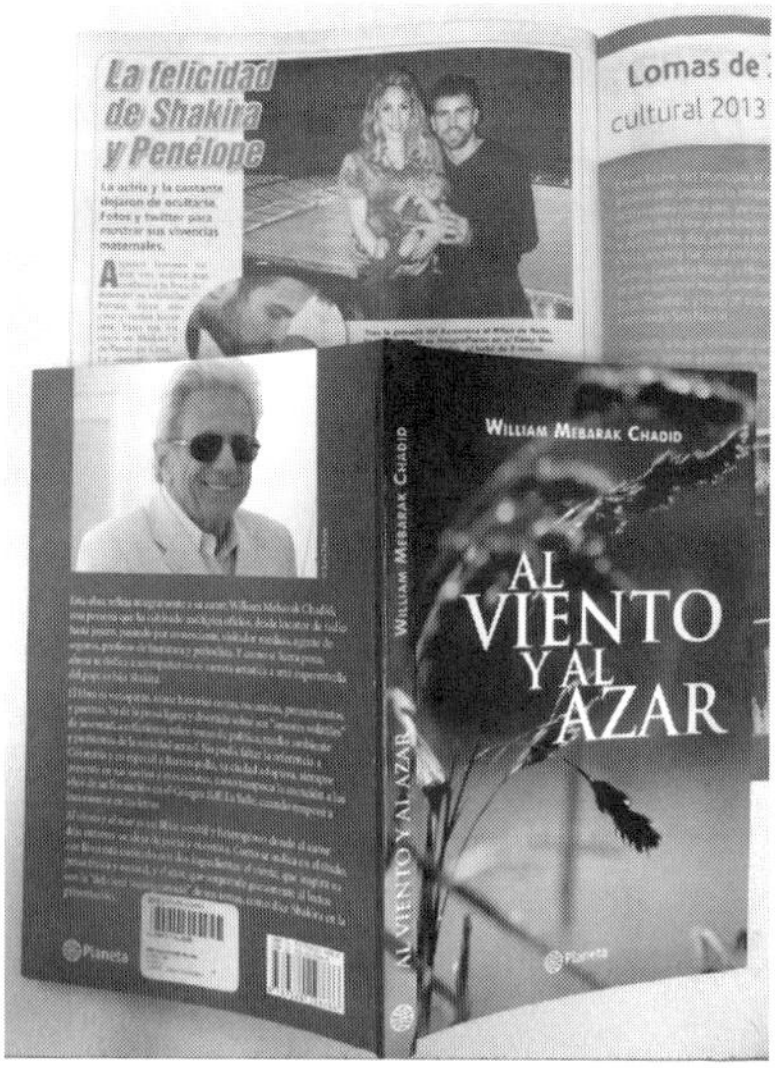

▶**7**　シャキーラとその家族。彼女の父ドン・ウイリアム・メバラク＝チャディド（1931年ニューヨーク生まれ、のちコロンビア共和国バランキージャへ移住）がファイルーズばりのアラブ歌唱法を末娘に叩き込んだ。

Shakira y su familia. Don William Mebarak Chadid, su padre, nacido en Nueva York en 1931 y establecido más tarde en Barranquilla, Colombia, enseñó a su hija menor y futura pareja de Gerard Piqué, el cantar árabe competente a Fairuz.

LA NACION

BERGOGLIO, PAPA | GESTOS CON IMPACTO EN LA ARGENTINA

a Chávez, Maduro
ofundizar la “lucha”

Otras escenas de la despedida

Macri: “Ojalá que la Presidenta busque la reconciliación”

Lo dijo después de saludar a Francisco, que lo mandó a buscar al terminar la ceremonia; no tuvo contacto con Cristina Kirchner; opinó que habrá “un antes y un después” en el país

Según Macri, la designación de Bergoglio “marca un cambio de época en la Argentina”

▲8 ラテンアメリカ各国で前進を続ける「トルコ人」たち。レバノン系ベネズエラ人エリアス・ハウア（写真左中央）がウゴ・チャベス政権副大統領（2010～12）、次いで外相（2013～14）を担う一方、シリア出身ドルーズ派家系に属すタレク・エル＝アイサミはチャベスの右腕として内務法務大臣の要職にあり（2008～12）、外交面でもその「暗躍」が噂の的となる。実業家からアルゼンチン大統領職を射止めるマウリシオ・マクリが首都知事在任中に再婚した相手は同国繊維・織布業界の女性実業家として知られるレバノン系のフリアナ・アワダ（写真右中央）。二人は選出間もないアルゼンチン出身のローマ教皇フランシスコへも早々に謁見を果たした。

Avances turcos en América Latina. Elías Jaua cuyo padre es libanés de fe cristiano asume no sólo el cargo de vicepresidente (2010-12) sino también de canciller (2013-14) venezolano mientras el venezolano druso de ascendencia siria Tareck El Aissami, brazo derecho de Hugo Chávez, ocupa el puesto del ministro de Interior y Justicia (2008-12), el supuesto puente clave entre el país caribeño y los vecinos de Israel. El pibe Macri, dos veces divorciado jefe de gobierno de la capital argentina se casó con Juliana Awada, reconocida empresaria textil de ascendencia siriolibanesa. Antes de ser la pareja presidencial, el matrimonio logra visitar al Papa Francisco, su conciudadano.

◀ **9**　メキシコシティ、インスルヘンテス大通りを望む「レバノン移民像」。

La estatua del Emigrante Libanés contempla la Avenida Insurgentes, México, D.F.

▲ **10**　同前「移民像」の除幕式は 2006 年 1 月 14 日に執り行われた。

La placa registra la fecha de inauguración, el 14 de enero de 2006.

◀ **11**　同前「移民像」を裏手から望む。1 ブロック手前にレバノン・クラブ本部が位置する。

El Emigrante Libanés desde detrás. De sus espaldas sólo falta una cuadra a la sede del Club Libanés de la capital mexicana.

◀ **12**　コロンビア共和国バランキージャ市の独立百周年記念公園に立つ「自由の女神」像。1910 年 7 月この像を寄贈したのは同市在住のシリア移民たちだった。

La Estatua de la Libertad en el Parque Centenario, Barranquilla, Colombia. La colectividad siria radicada en la ciudad costera donó esta estatua en julio de 1910 a fin de celebrar los primeros cien años de la emancipación. (foto: agosto 2012)

▲ **13**　「自由の女神」像の足下に刻まれた寄贈の銘（スペイン語およびアラビア語）。

Debajo de la estatua, están inscritos los buenos deseos tanto en castellano como en árabe.

▲ **14**　バランキージャ市最古のカトリック聖堂サン・ニコラス・デ・トレンティーノ教会内。2011年の修復を記念する銘板。レバノン系アレハンドロ・チャール＝チャルブ市長の名が見える。

La iglesia San Nicolás de Tolentino, una de las más antiguas de Barranquilla, reconoce el papel y peso de sus ciudadanos turcos, empezando por el alcalde Alejandro Char Chaljub.

▶ **15**　バランキージャから首都ボゴタ中心部に進出したスーパーマーケット「オリンピカ」。チャール一族の経営するこのチェーンは民族資本としては同国最大手スーパー。

El supermercado Olímpica en la Avenida Jiménez, corazón de la capital colombiana. La familia Char, establecida en la ciudad caribeña de Barranquilla, se lanza luego a Bogotá y a la escala nacional. La Olímpica es la tercera más poderosa del sector después de las dos cadenas del capital extranjero. (foto: agosto 2012)

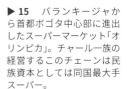

◀ **16**　2010年4月メキシコ市庁が独立二百周年・革命百周年を記念して首都の歴史を省察した書『移民たちによるコスモポリタン都市』第一巻表紙。編者はメキシコ国立自治大学教授カルロス・マルティネス＝アサド。

En abril de 2010 el gobierno de México, D. F. publicó a propósito del Bicentenario de la Independencia y del Centenario de la Revolución Mexicana una reflexión de la historia capitalina: *La ciudad cosmopolita de los inmigrantes*. La edita el profesor de la Universidad Nacional Autónoma de México, Dr. Carlos Martínez Assad.

ÍNDICE

▲ **17**　同前第一巻目次。　Índice del primer tomo.

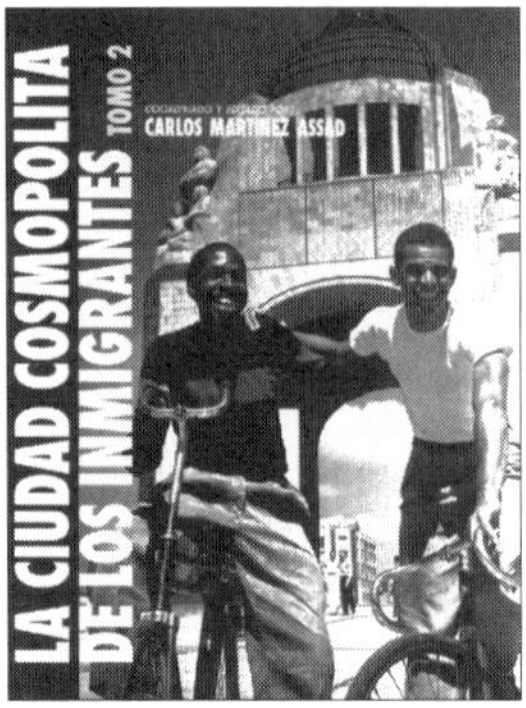

◀ **18** 同前第二巻表紙。
Portada del segundo tomo.

ÍNDICE

▲ **19** 同前第二巻目次。 Índice del segundo tomo.

Colectividades

Buenos Aires elige a la reina porteña de las colectividades

El sábado 9 de marzo, desde las 16 hs. en la tradicional Av. de Mayo se despiegará el Patio Gastronómico, con más de 80 stands, que tendrán los platos típicos y artesanías de 35 colectividades que residen en el país. Además, habrá un desfile de autos antiguos; y desde las 21 hs. se realizará la elección de la Reina Porteña de las Colectividades.

▲ **20**　「移民たちの女王」コンテストを告知するブエノス・アイレス市当局発行の週刊文化情報誌『アヘンダ・クルトゥラル』2013 年 3 月 7 日～ 13 日号。

Agenda Cultural, semanario oficial informativo de la ciudad de Buenos Aires (7-13 de marzo de 2013) anuncia el concurso de la Reina de colectividades.

▶ **21**　2013 年 3 月 9 日ブエノス・アイレス市内五月通りで開かれた「移民たちの日」フェスティバル。「シリア」スタンドの左に見えるはケバブかタコス・アル・パストールか。

¿Kebab o tacos al pastor? El stand de la colectividad siria en el Día de Colectividades, 9 de marzo de 2013, en la Avenida de Mayo, Buenos Aires.

◀ **22**　同前。「アルメニア」のスタンド。

El mismo día, el stand de la colectividad armenia.

◀ **23**　同前。「レバノン」を象徴するのは常にレバノン杉である。

El mismo día. No hay más símbolo que representa y visibiliza el Líbano: el cedro libanés.

▶ **24**　ブエノス・アイレス港にも「レバノン移民像」の建立を呼びかける世界レバノン文化連合のビラ。同連合のスタンドは「レバノン」のそれに隣り合い、このビラは誰でも手に取れる。

Volante de la campaña para construir una estatua más del Emigrante Libanés en el puerto de Buenos Aires, planteado por World Lebanese Cultural Union. Paseando ese día por la Avenida de Mayo, cualquiera puede recogerlo en el stand de dicha Unión.

▲**25**　「移民たちの女王」各集団の最終候補者リスト2013年版。
Finalistas para la Reina por cada colectividad, versión 2013.

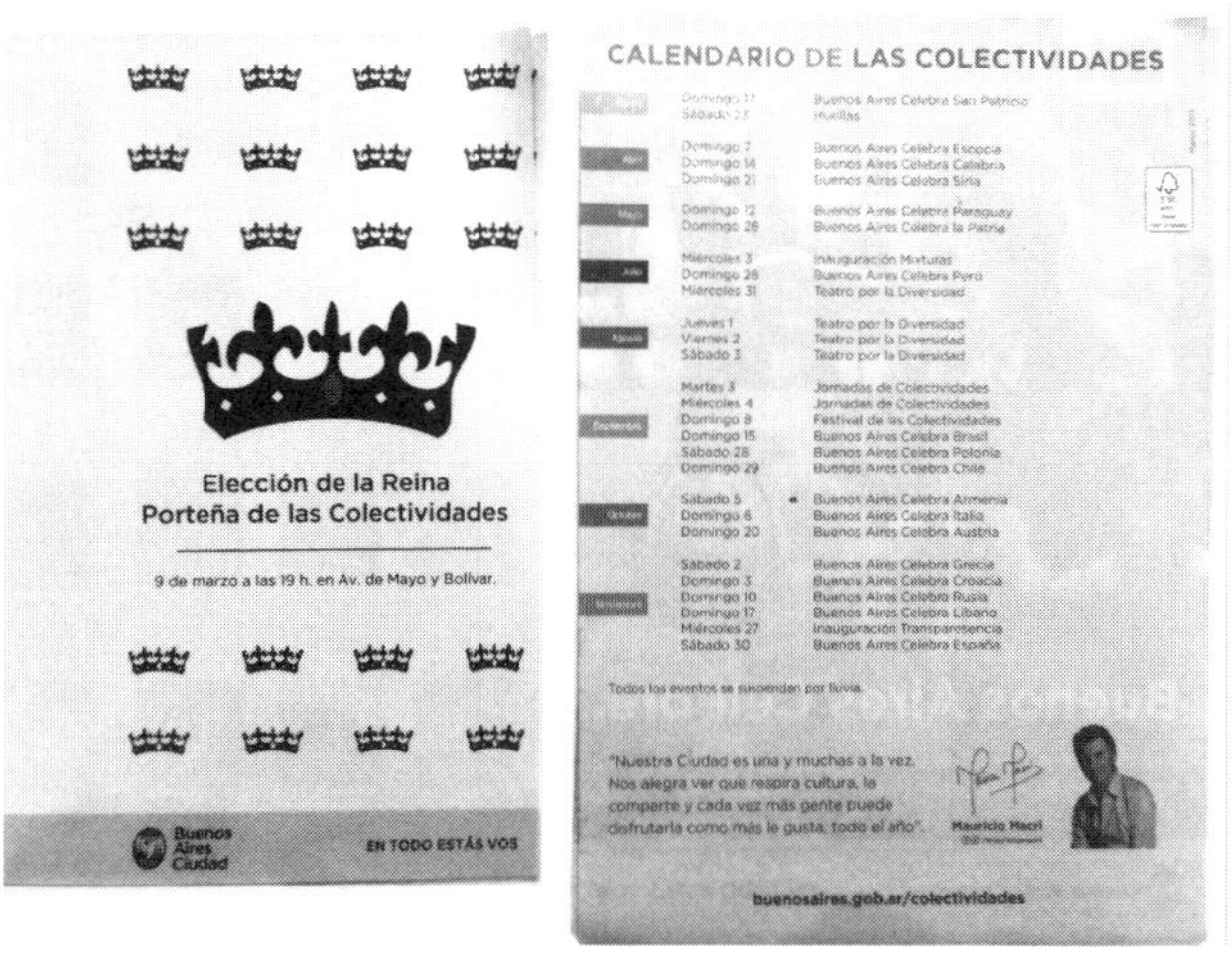

▲**26**　同前。　Reverso de la misma.

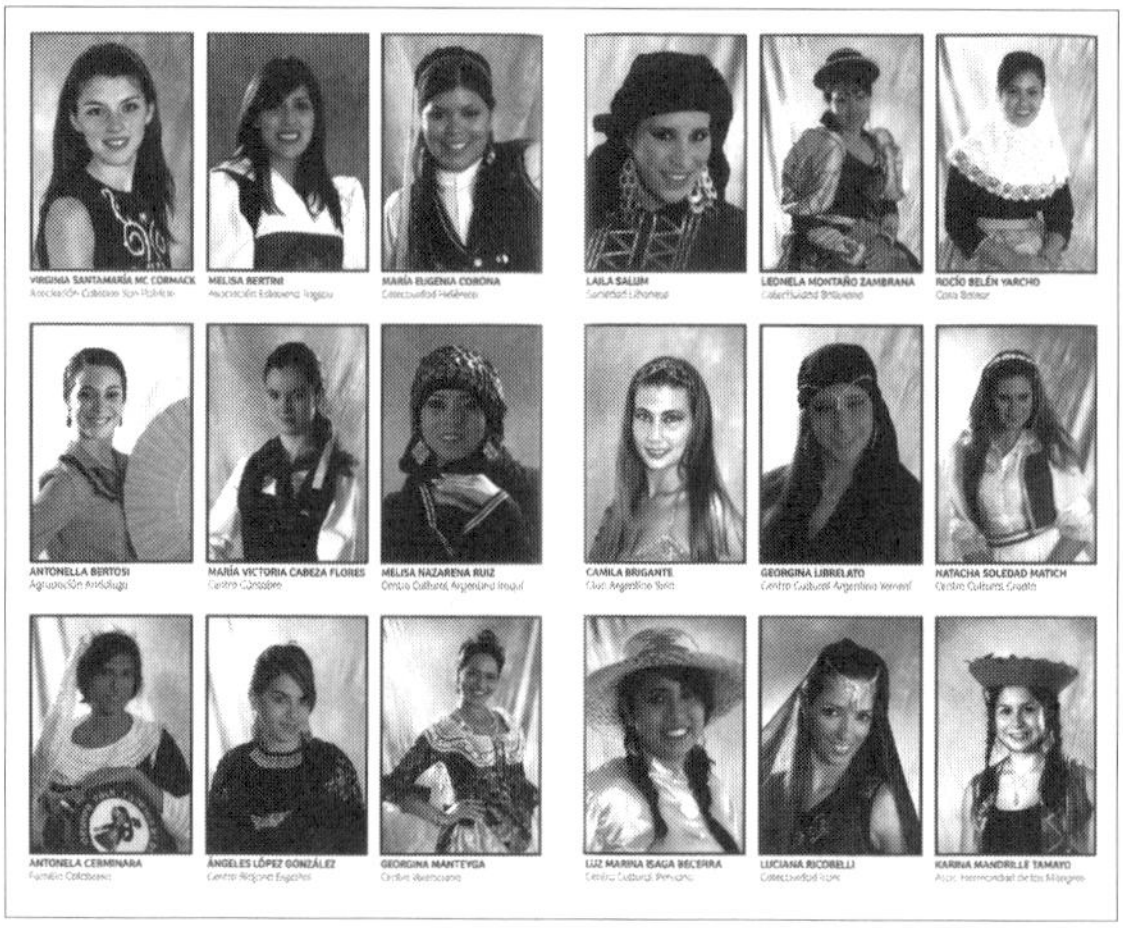

▲ **27**　「移民たちの女王」最終候補者リスト2012年ロサリオ州版。
Finalistas versión rosarina 2012.

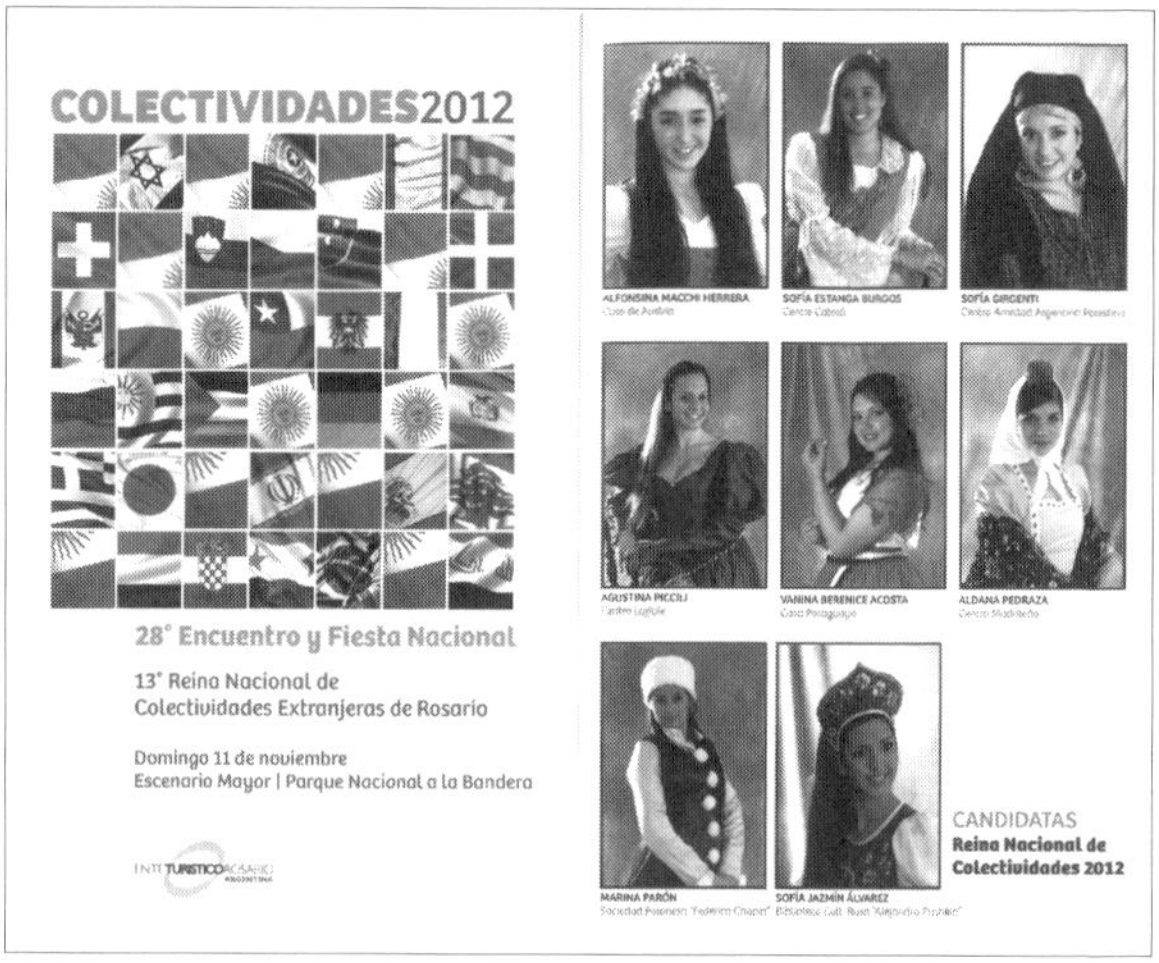

▲ **28**　同前。　Reverso de la misma.

▲ **29**　2013年2月イタリア総選挙に際しブエノス・アイレスの街頭に貼り出されたポスター。イタリア系市民に国外議席枠（南米地区からは下院4名、上院2名）への投票を呼びかける。

Afiche de “Italiani per la Libertà” que convoca a los porteños de origen italiano para las elecciones generales de Italia en febrero de 2013. Los ciudadanos italo-sudamericanos tienen derecho a enviar 4 diputados y 2 senadores bajo la circunscripción exterior. (foto: marzo 2013)

▲ **30**　同前。別の政治党派も負けていない。

Candidatos de la otra banda política, “Movimento Associativo Italiani All’ Estero”, también en la calle porteña.

▶ **31**　ブエノス・アイレス市内西部、従来シリア・レバノン・ユダヤ系の多かった地区にコリアン・タウンが急速に成長、地元日刊紙も発行されている。紙面右上に若干のスペイン語が見える。

Buenos Aires tiene el barrio coreano crecido muy rápidamente en Floresta, uno de los históricos barrios turcos. Allí con facilidad se consigue el diario 韓国日報 de la colectividad.

▲ **32**　同前。北の動向も採り上げられている。

Los temas norcoreanos, sin falta.

◀ **33**　2013 年 3 月ブエノス・アイレス市内。ユダヤ系を糾合する最有力団体 AMIA の理事選挙（4 月 7 日）を前に団結を呼びかける看板。

Los judíos, otro “turco” a veces. En marzo de 2013, la AMIA (Asociación Mutual Israelita Argentina) llama la unidad ante las elecciones de su directiva el próximo 7 de abril.

▲ **34**　2013 年 3 月 24 日ブエノス・アイレス聖ホルヘ聖堂での主日ミサ。祭壇前に聖障（イコノスタシス）がある。シリア難民が到着し始めるせいか、このころから会衆同士のやりとりにアラビア語が増えつつあるように観察者には感じ取れた。片や同じ宗派でもメキシコシティの聖ホルヘ聖堂では、時に一世が聖歌隊に加わるとアラビア語の詠唱が聞かれる日もあった。

Misa dominical en la Catedral San Jorge, Av. Scalabrini Ortiz, Buenos Aires (24 de marzo de 2013). A nuestro juicio, a partir de esos días parece que comienzan a llegar los posibles refugiados sirios al país, y a participar en las actividades religiosas en esta catedral ya que se captan más conversaciones en árabe entre los congregados. En la Catedral San Jorge, Ciudad de México, cuando asistiera a la misa un señor sirio de la primera generación participaba él mismo como cantor en árabe.

LA NACION | DOMINGO 24 DE MARZO DE 2013

Verónica Spinelli, la protagonista

Viaje a las raíces de una historia familiar

CINE. Hernán Belón habla de *Beirut-Buenos Aires-Beirut*, que se estrenará el jueves

Egresado de la Escuela Nacional de Experimentación y Realización Cinematográfica, licenciado en publicidad, alumno del teatrista Augusto Fernandes y docente en la Universidad del Cine, Hernán Belón posee en su haber varios films para la televi-

cula: "La migración es un comportamiento humano provocado por diferentes acontecimientos de la historia. La razón, por desgracia, es casi siempre la misma: el odio, el hambre, la guerra, la pobreza... Los inmigrantes deben dejar atrás su tie-

◀ **35**　レバノン出身にしてムスリムだった曾祖父の出身地を訪ね記録映画にすることを決意したグレイス・スピネリ。

Viaje a uno de sus orígenes. Graciela Spinelli, protagonista y promotora del documental *Beirut-Buenos Aires-Beirut*, cuenta su decisión atrevida de visitar el pueblo natal de su bisabuelo musulmán en Líbano.

▲ **36**　聖チャルベルの伝記および彼をグアダルーペの聖母や聖ユダ・タデオと肩を並べる「メキシコの聖人」とみなす『コンテニド』誌 2009 年 12 月号。

Biografía de San Charbel y la revista *Contenido*, No. 559, diciembre de 2009 cuya portada destaca al santo originalmente libanés junto a la Virgen de Guadalupe y San Judas Tadeo.

*
*
*
*

「トルコ人《じん》」たちの百五十年《ひゃくごじゅうねん》――中東《ちゅうとう》とラテンアメリカを結《むす》ぶ

2021年12月16日　初版第1刷

編著者　**飯島みどり**

発行所　株式会社 影書房　Kageshobo Publishing Co.
〒170-0003　東京都豊島区駒込 1-3-15
電　話　03-6902-2645
ＦＡＸ　03-6902-2646
Ｅメール　kageshobo@ac.auone-net.jp
ＵＲＬ　http://www.kageshobo.com
郵便振替　00170-4-85078

印刷／製本　モリモト印刷

落丁・乱丁本はおとりかえします。
定価　2,200円＋税
ISBN978-4-87714-490-6

この国で何が起きたのかを証言する「骨」
死と不正義とを象徴するその「骨」に魅せられた写真家
——証言にとどまらぬ芸術、芸術を越えた証言の可能性——

1960年から96年までの36年にわたり内戦状態にあったグアテマラ。1998年、内戦期の政府による民間人虐殺の真相を調査する「歴史的記憶の回復プロジェクト」(REMHI)の統括責任者だったヘラルディ司教が暗殺された。その1周年記念日をめがけ、写真家と仲間たちはグアテマラ市内に「天使」像を貼り出した——。"記憶の忘却"に対し喚起を呼びかける「天使」像の、翌日あるいは数日後、さらに2年、5年後の追跡記録を中心としたシリーズ《ある天使の記憶》に、《エロス+タナトス》シリーズを加えた作品集。

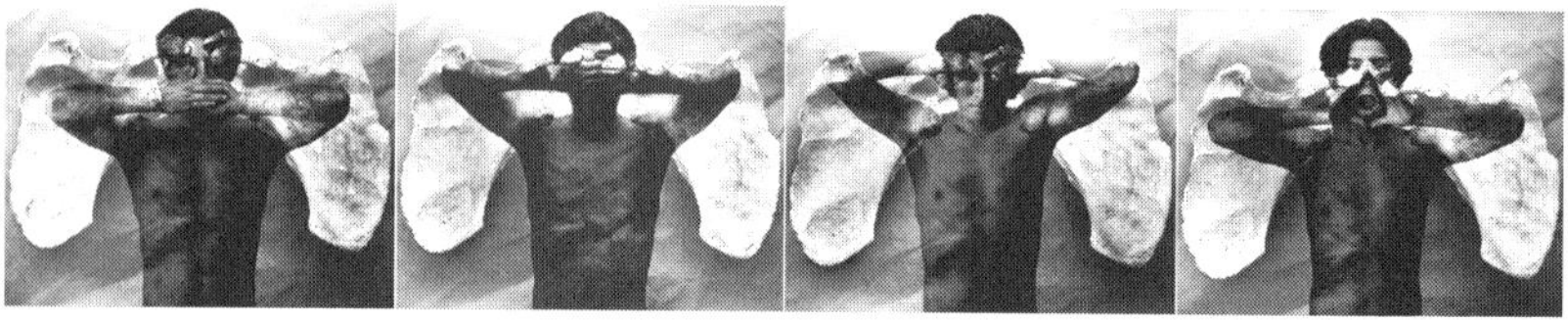

代表作の一つ〈真実を明らかに〉 ©Daniel Hernández-Salazar

●著者:ダニエル・エルナンデス - サラサール (Daniel Hernández-Salazar)
1956年グアテマラ市生まれ。現在グアテマラを代表する写真家のひとり。グアテマラ内戦末期より、いわゆる秘密墓地(内戦中とりわけ80年代初頭、同国西部高原地帯に展開されたゲリラ掃討作戦の民間人犠牲者が遺棄された場所)の発掘調査にたびたび同行、遺骨遺品の記録撮影を手がける。その一環として同国カトリック教会・大司教区人権局が組織する「歴史的記憶の回復プロジェクト」(REMHI)およびその人権侵害調査報告(全4巻)の刊行に協力。REMHI統括責任者フアン・ヘラルディ司教が同報告書公表の2日後に暗殺されたことから、報告書各巻の表紙を飾った彼の4点の作品は、和平後も続く政治的迫害と免罪の構造に対する告発・抗議活動の象徴となった。2005年フランス政府より芸術文芸功労メダルを授与される。

グアテマラ　ある天使の記憶

ダニエル・エルナンデス - サラサール写真集

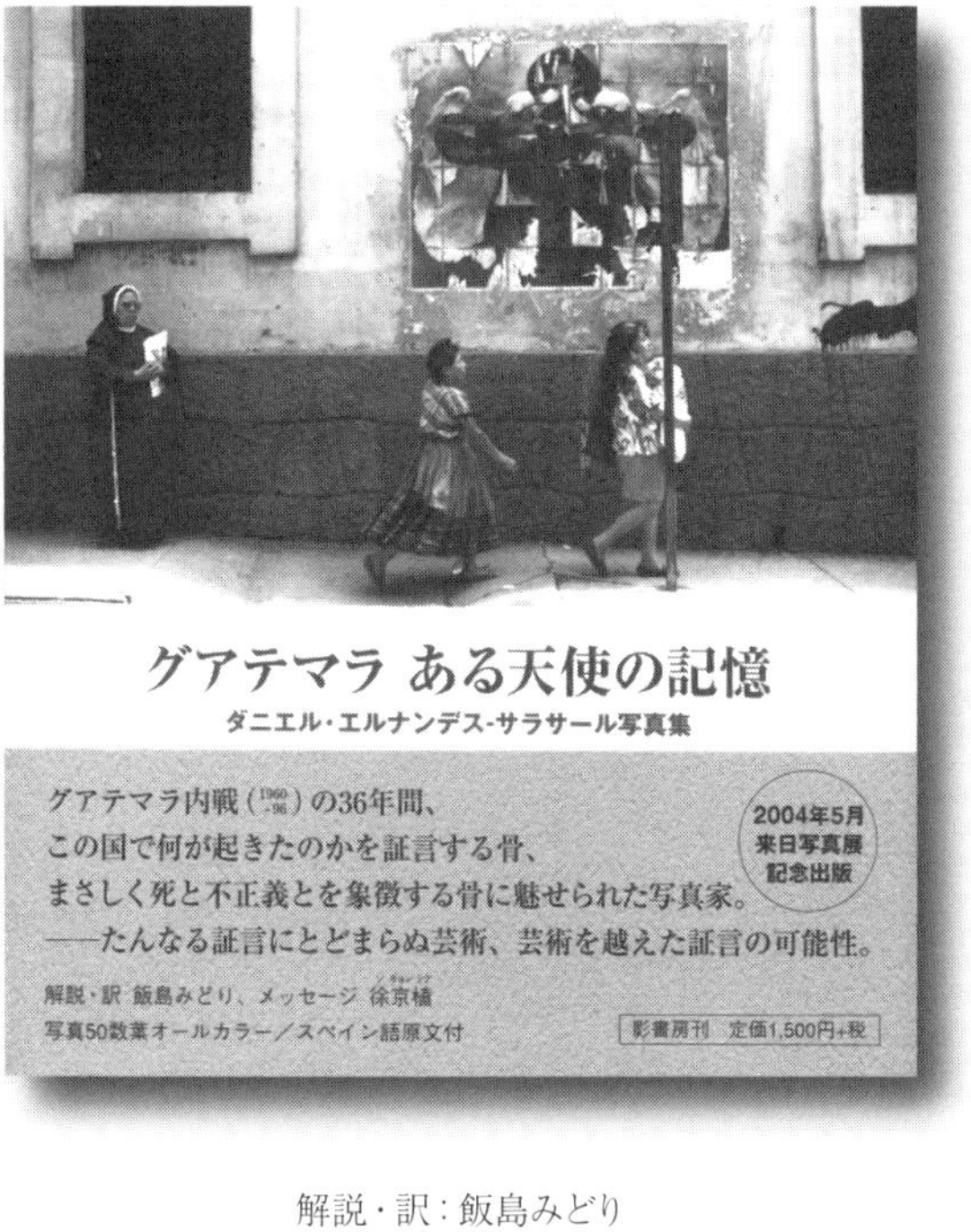

解説・訳：飯島みどり

メッセージ：徐京植

150×130ミリ・140頁カラー

スペイン語原文付

定価 1,500 円+税

ISBN978-4-87714-314-5